KB209460

"강한 척하지 말고 자신의 약함을 인정하며
서로 의지하고 살아가기를 바랍니다."
—— 도쿄 대학 입학식에서

모두가 존중받는 사회를 위하여

모두가 존중받는 사회를 위하여

— 우에노 지즈코의 『마지막 강의』

느린
서재

〈마지막 강의(NHK)〉는 지성의 최전선에서 분투하는 전문가들이 「내일이 마지막 날이라면 지금 하고 싶은 말」이라는 주제로 강의한 내용입니다. 그 내용을 TV 프로그램으로 만들었습니다. 그리고 이 책은 편집본에서 잘린 미방송분까지 포함한 「마지막 강의」의 전체 내용을 저자가 가필하고 재구성해 만든 완전판입니다. 각계의 일인자가 「평생 마지막 기회」라는 각오로 주옥같은 메시지를 담아낸 「마지막 강의」에 귀를 기울여 보세요.

이 책은 2021년 3월에 방송된 〈마지막 강의(NHK)〉의
전체 내용을 기록하고 보완 수정하여 엮었습니다.

「주부」를 연구합니다 ─ 주부는 뭐 하는 사람일까?

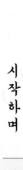
시작하며

안녕하세요. 코로나가 기승을 부리는 와중에도 이렇게 강의 현장까지 와주셔서 감사합니다. 어쩔 수 없이 한산한 분위기에서 이야기하게 되어 조금 아쉽기도 하네요. 그 대신 한 사람씩 대화하며 진행할 수 있을 것 같아 기대가 됩니다.

'마지막 강의'라는 제목은 사실 마음에 안 들어요. 강의가 끝나면 빨리 죽으라는 것 같아서요.

이런 강의를 하게 될 줄은 꿈에도 몰랐지만, 진짜 마지막 강의라는 마음으로 제가 걸어온 길을 돌아보려고 합니다. 귀한 기회를 주셔서 감사합니다.

오늘의 주제는 '가부장제와 자본주의 – 재생산 분배 문제의 해결책'입니다.

이만큼 나이를 먹었으니, 반세기쯤 살면서 제가 했던 연구가 어떻게 이어져 지금에 이르렀고 현재 어떤 문제를 다루고 있는지 이야기해 보고 싶어요.

저는 처음에 주부 연구자였어요. 주부 연구자란, '주부로 살면서 연구를 하는 사람'이 아니라 '주부를 연구하는 사람'이란 뜻입니다.

저의 '처녀작'(이것도 차별적 표현이지만)은 B급 도서인 『섹시 걸 대연구』였습니다. 흥행은 못 했어요. 30대였던 1982년에 이 책으로 데뷔하면서 『주부 논쟁 읽기 – 모든 기록』 I&II란 책도 내게 되었지요. 그동안 B급 책과 고상한 책을 한꺼번에 내면서 강경파와 온건파의 주제를 동시에 다뤄 왔습니다. 상반신과 하반신이 다 있어야만 인간이니까요.

제가 '주부 연구'를 시작하게 된 건, 저의 어머니가 전업주부였기 때문이에요. 심지어 부부 사이가 좋지 않은 불행한 주부였죠. 아버지는 폭군에 독재자에 다혈질인 것도 모자라 마마보이 장남이었어요. 어릴 때부터 어머니의 인생을 지켜보며 성인이 된 제 인생이 엄마와 비슷할 거라고 상상할 때마다 '이건 수지가 안 맞아, 도저히 못 해'라는 생각이 들더군요.

　　어머니는 아이가 세상에서 처음으로 만나는 강자입니다. 그런데 그 강자가 아버지가 나타날 때마다 안색을 살피고 비위를 맞추는 상황이에요. 아이는 강자 위에 더 강한 자가 있다는 사실을 배우게 되는 거죠. 게다가 제 어머니는 호쿠리쿠(北陸) 지방의 3대 동거 가족 중 맏며느리였어요. 남편 말고도 눈치를 봐야 하는 드센 지배자가 한 명 더 있었던 겁

『섹시 걸 대연구(セクシィ·ギャルの大研究)』 일본 길거리에 넘치는 성적 광고를 분석한 책. 사회가 만들어 낸 「여자다움」과 「남자다움」의 실태를 대담하고도 경쾌한 필치로 폭로하여 큰 화제가 되었다. 2009년에 문고로 출간(이와나미 현대 문고).

『주부 논쟁 읽기―모든 기록(主婦論争を読む·全記録)』 주부란 무엇이고 주부의 해방이란 과연 무엇일까? 1955년의 제1차 주부 논쟁에서 1970년대 제3차 주부 논쟁에 이르기까지 모든 기록을 정리하고 그 의미를 묻는 두 권짜리 대작.

니다.

어린 제 눈에도 불만 많은 어머니의 인생은 행복해 보이지 않았어요. 어머니는 종종 "너희만 없으면 이혼할 텐데"라고 말했어요. 이건 자식에게 결코 해서는 안 되는 말입니다. 어머니가 자신 때문에 불행하다는 근거 없는 죄책감이 생기기 때문이죠.

그러던 어느 날 '엄마는 뭐 하는 사람일까?'라는 생각이 들었어요. '주부란 뭘까? 뭐 하는 사람일까?'라는 질문은 생각보다 심오하더군요.

일본 학계에는 그때까지도 주부를 연구하는 사람이 없었습니다. 주부란 여자 인생의 '완성'이었으니까요. 결혼하고 출산하고 주부가 되는 것이 당시 일본 중산 계급 여성의 '완성' 즉 이상적인 코스였어요.

어머니는 그 또래에서는 드물게 연애 결혼으로 남편을 골랐어요. 그래서 저도 사춘기 이후로는 어머니를 동정하기보다 의아한 눈으로 바라볼 때가 많았습니다. 어머니는 연애 결혼이었기에 탓할 사람도 없다 보니 "내가 남자 보는 눈이 없었다"라고 늘 투덜거렸죠. 저는 언젠가부터 '엄마는 남편이 바뀌어도 여전히 불행할 거야'라고 생각하게 됐어요. 어머니의 불행이 남편의 문제가 아니라 구조의 문제로 보였기 때문이에요. 곰곰이 생각해 보면 아버지와 어머니는 특별히 악하지도 선하지도 않은 평범한 서민일 뿐이었어요.

그래서 결국 저는 주부가 되기는커녕 결혼도 하지 않고 '혼자' 살고 있습니다.(웃음)

일본에 **여성학**을 도입한 **이노우에 데루코** 씨는 '여성학'을 '여성의, 여성에 의한, 여성을 위한 학문 연구'로 정의했습니다.

그런데 선배 연구자들은 '여성학'이 미국에 처음 등장했을 때 불쾌감을 드러냈어요. '여성학' 이전에 이미 '부인 문제론'이라는 연구 분야가 있었으니까요. '여성학'이 '부인 문제론'의 패러다임을 크게 바꾼 걸 선배 여성들은 알아채지 못했던 거죠.

부인 문제론은 무엇을 연구했을까요? '부인 문제'는 말 그대로 '부인이 문제다' 혹은 '부인에게 문제가 있다'라는 뜻입니다. 부인 문제론의 연구 대상은 '문제 부인'이었습니다.

'부인 문제'에는 **아카센**에서 일했던 여성의 갱생이나 부인 노동자의 출산 장애 등이 포함되었습니다. 성 산업에 종사하는 여성과 공장에서 일하는 여성은 '규격 외'의 일탈적 존재였어요. '직업 부인'이라는 말이 '계속 일해야 하는 불쌍한 여성'을 가리키는 멸칭이었던 시대였으니까요. 부인 문제론은 단어 그대로 문제 있는 부인을 연구하는 분야였지요.

그런 상황에서 우리는 '여성학'이라는 연구 분야를 도입했습니다. 인과 관계를 뒤집어 '여성이 문제가 아니라 사회가 여성에게 문제를 떠맡기고 있다'라고 외치며 사회 병리학

여성학 남성의 관점으로 구축된 기존의 학문을 여성의 관점에서 다시 묻고 연구하는 학문. 1960년대 후반 미국의 여성 해방 운동에서 태어났다. 일본에는 이노우에 데루코(井上輝子) 등이 도입. 1970년대 말에 학회, 연구회가 등장.

이노우에 데루코 1942~2021년. 사회학자, 여성학자. 1974년 와코(和光)대학에서 여성학 강좌를 담당. 여성학을 일본에 도입한 선구자. 저서는 『신여성학으로의 초대(新女性学への招待)』외 다수.

아카센(赤線) 아카센 지대. 국가의 인가 하에 매춘 목적의 특수 음식점이 모여 있던 지역. 1958년 매춘 방지법 시행으로 폐지되었다.

에서 사회 구조론으로 패러다임을 바꾼 것입니다. 그리고 '부인'이라는 용어도 '여성'으로 바꾸었습니다.

'부인'이란 말에는 반대말이 없습니다. '신사'라는 말이 생각나긴 하지만 '부인'의 정확한 반대말은 아니죠. 여성에게만, 기혼자를 따로 떼어 부르는 이름이 존재합니다. 게다가 부인의 '부(婦)'자는 여자가 빗자루를 들고 있는 모습을 딴 상형문자에서 비롯되었다고 하네요.

이 '부인'이라는 말은 1975년이 국제 여성의 해로 지정되고 '고정적 성 역할 분담의 해소'를 다짐하는 UN 여성 차별 철폐 조약이 발표된 후 점점 쓰이지 않게 되었어요. '여자는 가사를 맡는 사람'이라는 고정관념에 문제를 제기하는 목소리가 높아졌거든요. 대신 '남성'이라는 반대말이 있는 '여성'이라는 단어를 쓰게 되었습니다. 'International Women's Year'도 '국제 부인의 해'로 번역되다가 나중에 '국제 여성의 해'로 변경되었죠.

그때 비로소 주부라는 존재가 연구 대상으로 다루어지기 시작했어요. 이전에는 결혼해서 주부가 되는 것이 여성의 '표준'이었으므로 주부에게 아무런 문제가 없다고 여겨졌지만 그 패러다임이 이때 바뀐 것이죠.

하라 히로코(原ひろ子) 1934~2019년. 문화 인류학자, 젠더 연구자. 전 오차노미즈(お茶の水) 여자 대학 명예 교수.

『여성학 착수(女性学ことはじめ)』19 77년 개최된 국제 여성 학회 심포지엄의 내용을 기록한 책. 이와오 수미코(岩男寿美子), 하라 히로코 편저. 1979년. 고단샤(講談社) 현대 신서.

1977년에 열린 국제 여성 학회(현 국제 젠더 학회)의 심포지엄에서 **하라 히로코** 씨가 '주부 연구'를 주제로 채택하자고 주장했습니다. 이 심포지엄을 기록한 『**여성학 착수**』에는 민속학자인 **세가와 기요코** 씨의 기념비적 강연 〈일본 여성의 백 년 – 주부라는 호칭에 관하여〉도 수록되어 있습니다. 저도 그 강연을 듣고 주부 연구를 시작하게 되었어요.

　　이런 이유로 주부 연구는 역사가 아주 짧습니다.

1973년, 이토 마사코(伊藤雅子) 씨가 『**주부와 여자**』에서 이렇게 썼습니다.

> '주부 문제는 여성 문제를 풀어나가는 하나의 기점이다. 여성의 마땅한 상태, 행복한 상태가 주부라고 여겨지는 세상에서는 현재 주부인 여성뿐만 아니라 아직 주부가 아닌 여성, 주부가 되지 않을 여성, 주부가 될 수 없는 여성, 주부였던 여성 등 모든 여성이 좋든 싫든 주부라는 신분에 얽매이게 된다. 그러면 거의 모든 여성이 주부와 자신 사이의 격차를 기준으로 스스로를 평가할 수밖에 없다.'

세가와 기요코(瀬川清子) 1895~1884년. 민속학자. 야나기다 구니오(柳田國男)의 제자. 여성의 관점에서 여성의 생활과 문화를 조사, 연구했다.

『**주부와 여자(主婦とおんな)**』 부제는 「구니타치(国立) 시민 회관 시민 대학 세미나의 기록」. 도쿄도 구니타치 시의 시민 대학 세미나에서 25명의 주부가 만나 「주부와 노후, 주부와 직업, 남편과의 관계, 자녀를 낳는 것」이라는 네 가지 테마로 토론한 내용을 기록한 책。 1973년 출간.

이토 씨는 도쿄도 교외의 구니타치(国立)시 시민 회관 직원으로, 1965년에 열린 세미나에서 일본 최초의 탁아 서비스를 제안한 것으로 유명합니다.

이렇게 해서 저는 '주부란 뭘까?' '주부는 뭐 하는 사람일까?'라는 심오한 질문을 연구하기 시작했어요. 그 후 10년에 걸쳐 『**가부장제와 자본주의**』를 집필했습니다. 1990년에 나왔으니 벌써 30년이 넘은 책이죠. 2000년대 이후, 이 책은 문고판으로 출간되고 있습니다.

'남녀의 고정적 역할'이라고 하면 '남자는 직장, 여자는 가정' '**나(여자)는 만드는 사람, 나(남자)는 먹는 사람**' 등 성별 역할을 강조하는 문구가 떠오릅니다. 그런 사회 분위기 속에서 '왜 여자의 역할은 가사, 육아, 요양으로 정해졌을까?' '언제부터 그랬을까?' '이 역할 분담에는 어떤 효과가 있을까?'라는 질문을 연구하며 이것저것 배웠고 '주부'의 역사가 의외로 짧다는 사실도 알게 되었습니다. 그래서 이 책을 출간했을 때는 어머니의 복수전을 10년에 걸쳐 대신 치른 듯한 기분이 들었지요.

『가부장제와 자본주의』 부제는 「마르크스주의 페미니즘의 지평」. 여성 억압의 원인을 탐구한 책. 주부의 가사 노동에 착안해 여성을 억압하는 근대 자본주의 사회 특유의 구조를 명쾌하게 밝혔다. 2009년에 문고판으로 간행(이와나미 현대 문고).

「나(여자)는 만드는 사람, 나(남자)는 먹는 사람」 1975년에 방송된 인스턴트라면 TV 광고의 대사. 여성을 '만드는 사람', 남성을 '먹는 사람'으로 표현한 탓에 여성 단체가 「성별 역할 분담을 고정화한다」라고 항의해 약 2개월 만에 방송이 중지되었다.

10년씩 걸리는 대작은 일생에 몇 권 쓰지 못하는 법이에요. 그래서 60세가 되어서야 또 하나의 주요 저서인 『**돌봄의 사회학**』을 완성할 수 있었습니다.

지금은 고령자의 돌봄을 연구하고 있습니다. 그래서 사람들이 "우에노 씨, 여성 문제는 이제 접고 돌봄 문제를 연구하는 거야?"라고 묻기도 하는데 그렇지 않습니다. 저는 반세기 내내 똑같은 테마를 추구해 왔습니다. 알고 보면 주부 문제와 돌봄 문제는 뿌리가 같습니다. 오늘 이 사실을 제대로 이야기해 보고 싶습니다.

『**돌봄의 사회학(ケアの社会学)**』부제는 「당사자 주권의 복지 사회론」. 초고령사회의 공조(共助)* 사상과 그 실태, 요양 현장의 당사자 주권을 논했다. 돌봄 받는 측의 관점에서서 이야기를 풀어 나간다. 500쪽이 넘는 대작. 2011년. 오타(太田) 출판.

*
일본 정부는 재난 대응책을 '자조(自助),
공조(共助), 공조(公助)' 세 가지로 나누고 있다.
자조(自助)는 본인과 가족을 지키는 것,
공조(共助)는 동네 등 주변 사람이 서로 돕는 것,
공조(公助)는 지자체와 국가 기관이
구조·원조하는 것을 뜻한다.

『가부장제와 자본주의』 — 마르크스주의 페미니즘의 시선에서 차별의 근원을 찾다

제1장

『가부장제와 자본주의』에서 소개한 모델이 [도표1]에 나타나 있습니다. 우리가 경제 활동을 하는 '시장'은 열린 공간입니다. 폐쇄적 시스템이 아니라 개방적 시스템이죠. 시장은 외부에서 인풋을 얻고 다시 외부로 아웃풋을 내보냅니다. '자연'도 그 외부에 해당합니다.

이 외부에 대해서 1972년에 '**로마 클럽**'이라는 민간 싱크 탱크가 〈성장의 한계〉라는 보고서를 작성합니다. 이 보고서는 지구 온난화를 포함한 가까운 미래를 예측하며 '자연에는 한계가 있다'라고 경고를 하지요.

근대 이후 시장은 석탄, 석유라는 화석 에너지를 외부에서 계속 끌어다 쓰는 한편 산업 폐기물을 외부로 거침없이 방류해 왔습니다. 당시 사람들은 자연에서 자원과 에너지를 무제한으로 얻을 수 있으며 산업 쓰레기를 아무리 방류해도 자연이 무한히 정화할 수 있다고 생각한 듯합니다. 그러나 자연의 자원·에너지뿐만 아니라 정화력에도 한계가 있다는 사실이 이미 밝혀졌습니다. 1960년대에 일본의 **미나마타병** 등으로 환경 파괴 및 공해 문제가 크게 대두했으니까요. 그래서 로마 클럽이 보고서를 통해 시장 외부의 자연에 한계가 있다고

로마 클럽(Club of Rome) 과학자, 경제학자, 교육자, 경영자 등으로 구성된 민간 연구 조직. 성장의 한계라는 보고서를 통해 인구 증가에 따른 식량 부족, 환경 오염, 천연자원 고갈 등 인류의 위기를 경고했다.

미나마타(水俣)**병** 구마모토(熊本)현 미나마타시의 주민들에게 발생한 중독성 질환. '신일본 질소 주식회사'의 화학 공장이 배출한 산업 폐기물 메틸수은이 어패류에 축적, 주민들이 그 어패류를 먹어 발병한 걸로 보인다. 1956년에 공식 발견.

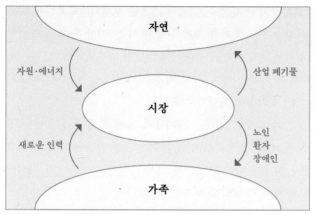

[도표1] '시장, 자연, 가족'
(출처 : 『가부장제와 자본주의』, 2009, 일본판)

경고한 것이죠.

시장에는 또 하나의 외부가 있습니다. 노동력 즉 인간을 시장에 보내고 노동력으로서의 가치가 없어진 인간을 다시 받아들이는 곳, 바로 '가정'입니다.

자원·에너지를 만들어 내고 폐기물을 처리하는 자연에 한계가 있듯 가정 역시 새로운 인간을 무한히 생산할 수 없습니다. 시장에서 돌려보낸 노인, 환자, 장애인을 무한히 받아들일 수도 없죠. 그래서 저도 '가려져 있어 안 보인다고 해도, 시장에 자연과 가정, 두 외부가 있다는 사실을 잊어서는 안 된다'라고 『가부장제와 자본주의』에서 경고했지요.

경제학은 사회과학의 왕으로 불리지만 시장을 폐쇄적 시스템으로 가정하고 한정된 변수를 활용하여 현실에 가까운 값을 산출할 뿐입니다. 그래서 얼핏 맞는 것 같아도 외부 변수가 작용하면 무용지물이 되고 말죠. 코로나 같은 예측 불가능한 변수도 그중 하나입니다.

[도표2]는 인간이 태어나서 죽기까지, 시간적 흐름에 따른 시장과 가정의 변화를 나타낸 것입니다. 태어나 어릴 때까지는 남자와 여자가 똑같이 자라다가 성인이 된 후 남녀의 인생 코스가 나뉘게 됩니다.

이 도표에서는 남자가 사회의 전력, 즉 경제 전쟁의 병사가 됩니다. 한편 여자는 가정에 머무르며 병사를 낳고 길러 싸움터로 보내고 후방의 수비를 지탱하는 역할을 합니다. 그리고 시장에서 더는 쓸모가 없어진 환자나 장애인을 가정으로 받아들입니다. 입에 담기 싫은 말이지만 전쟁에서 쓸모가 없어진 이런 병사를 '폐병', 정년이 넘은 병사를 '퇴역병'이라고 부릅니다.

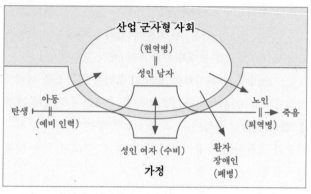

산업 군사형 사회

(현역병)
=
성인 남자

탄생　아동　　　　　　　　　　　　　　　　노인　죽음
　　(예비 인력)　　　　　　　　　　　　　(퇴역병)

성인 여자 (수비)　　　환자
　　　　　　　　　　　장애인
가정　　　　　　　　　(폐병)

[도표2] '산업 군사형 사회 – 탄생에서 죽음까지'

우리는 그 시대의 정년퇴직한 남성을 '(인간) 산업 폐기물'이라고 불렀습니다. 지금 생각해 봐도 상당히 매정하고 잔인한 표현이죠. **히구치 게이코** 씨가 가정으로 돌아온 그 시대 남성 고령자들을 '젖은 낙엽'이라고 표현한 것에 비하면 훨씬 인정머리 없는 표현입니다. 하지만 이 표현에도 근거가 있습니다. 이런 형태의 사회에서는 자연으로 돌아간 산업 폐기물과 가정으로 돌아간 인간이 이론적으로 같은 처지였기 때문입니다. 이처럼 시장에서 쓸모 있는 인간만이 노동력으로 인정받는 상황은 지금도 여전합니다.

히구치 게이코(樋口恵子) 1932년~. 평론가. 도쿄카세이(東京家政)대학 명예 교수. 요양 보험 제도 창설에 공헌했다. 「고령화 사회를 개선하는 여성의 모임」 이사장. 저서는 「이봐, 노인!(おーい, どん!)」, 「노년의 복주머니(老いの福袋)」 외 다수.

가정에서 아이는 소중한 존재입니다. 훗날 쓸모가 생길 예비 산업 인력이니까요. 산업 군사형 사회에서 교육을 인적 자본에 투자하는 행위라고 정의한다면, 병사가 되지 못할 딸에게는 투자할 이유가 없어집니다. 성별에 따른 고등교육 투자의 격차가 여기서 생기게 되는 거죠. 여성은 그 대신 아동, 환자, 장애인, 고령자를 혼자 떠맡아 돌보게 됩니다.

[도표2]에 이런 산업 사회의 구조가 일목요연하게 정리되어 있습니다.

산업 사회는 이처럼 여성이라는 최저선 위에 세워져 있는 사회입니다. 바로 이 지점에서 여성 차별이 시작됩니다.

『가부장제와 자본주의』를 출간했을 때 어떤 아저씨 학자가 저에게 했던 말이 잊히지 않습니다.

> "우에노 씨의 책을 읽고서, 제 아내가 늘 불평했던 게 처음으로 이해가 됐어요."

정말 바보 같지 않나요? 타인의 책을 읽기 전에 아내의 말에 제대로 귀를 기울였으면 더 좋지 않았을까요?

저는 여성의 문제를 '아저씨 언어'로 번역했을 뿐입니다. 학문은 아저씨의 언어로 되어 있으니 학문의 세계에 발을 들인 여성은 아저씨의 언어를 습득할 수밖에 없죠. 그러다 아저씨의 세계에 동화되는 사람도 간혹 있지만, 아저씨의 언어로 아저씨의 아킬레스건을 꿰뚫을 수도 있습니다. **가야트리 스피박**이라는 인도 출신 페미니스트가 이것을 '적의 무기를 빼앗아 싸우는 일'이라고 훌륭하게 표현했지요.

우리는 아저씨 언어와 여성 언어를 동시에 쓰는 '이중 언어 구사자'로 활동해 왔어요. 서로 말이 통하려면 어쩔 수 없는 일이죠.

아저씨의 언어로 '당신들은 이런 구조에 편승해 왔어, 그걸 간과한 거 아니야?' '이래도 모르겠어?'라고 논증하고 데이터를 제시하며 '이것 봤지?'라고 확인하는 것, 바로 이것이 학문으로서 여성학의 역할입니다.

가야트리 스피박(Gayatri Chakravorty Spivak) 1942년~. 인도에서 태어나 60년대에 미국으로 이주한 컬럼비아(Columbia) 대학 교수, 비평가. 저서는 『서발턴은 말할 수 있는가*(Can the Subaltern Speak?)』『포스트 식민주의 사상(The post-colonial critic)』 외.

*
한국판:『서발턴은 말할 수 있는가 – 서발턴 개념의 역사에 관한 성찰들』, 그린비, 2013.

**
한국판:『포스트 식민 이성 비판 – 사라져 가는 현재의 역사를 위하여』, 갈무리, 2005.

『가부장제와 자본주의』 마지막 문단에 저는 이렇게 썼습니다.

> '마지막은 (중략) 왜 인간의 생명을 낳고 기르고 그 죽음을 돌보는 노동(재생산 노동 또는 돌봄 노동)이 다른 모든 노동의 하위로 취급되는가 하는 근원적 문제다. 이 의문이 풀릴 때까지 페미니즘의 과제는 사라지지 않을 것이다.'

여자가 왜 '돌보는 성'인가 하는 수수께끼를 풀게 되면 여성 문제의 상당 부분이 풀릴 것입니다(100%까지는 아니어도). 우리가 여성학, 젠더 연구 분야의 학자로서 주목하는 지점도 바로 여기입니다.

여성학은 여성의 경험을 언어화하고 이론화해 왔습니다. 그리고 저는 가사를 '부불 노동'으로 정의해 일본 여성학의 발전에 일조했다고 자부하고 있습니다. 부불 노동은 영어로 'Unpaid Work' 즉 '무상 노동'이지만 그 개념에는 두 가지 전제가 있습니다. '가사도 노동이다', 그리고 '가사는 부당하게 보상을 받지 못하고 있는 노동이다'라는 것입니다.

제일 먼저 이 단어에 맹렬히 반발한 사람은 현역 주부들이었습니다. '가사는 사랑을 바탕으로 하는 일이니 돈으로 환산할 수 없을 만큼 귀하다'라고 주장했습니다.

어떤 행위가 노동인지 아닌지 구분하는 매우 간단한 기준이 있습니다. '제삼자 대체 가능성' 즉 그 행위를 제삼자에게 대신 시킬 수 있느냐 하는 것입니다.

인간에게는 타인이 대신해 줄 수 없는 활동이 있습니다. 대표적인 것이 배설이나 식사 등 생명 유지 활동입니다. '지금 너무 바쁘니까 대변을 대신 봐 달라'라고 남에게 부탁할 수 없죠. 그러나 육아는 대부분 남이 대체할 수 있습니다. 수유도 유모가 대신할 수 있습니다. 30년 전만 해도 임신과 출산은 대체 불가능하다고 여겨졌지만 지금은 출산마저 대리모가 대신하는 세상입니다.

제삼자가 대신할 수 있는 활동은 노동입니다. 그렇다면 가사 대부분이 노동인 것이죠. 시장 밖에 있어서 대가를 지불받지 못하는 노동입니다.

1995년 UN이 가정 안에서 이루어지는 부불 노동의 가치를 금액으로 계산하라고 각국에 요청했습니다. 그래서 일본도 정부 통계에 가사 항목을 추가했습니다. 이후 정부는 노동 시간 통계를 낼 때 부불 노동을 '무상 노동' '무수입 노동' '무보수 노동'으로 표시하고 있습니다. 영어로는 'Unpaid Work'죠. 직역하면 그야말로 '지불되지 않는 노동' 즉 '부불 노동'입니다.

저는 항상 '부불 노동'이라는 용어를 씁니다. '무상 노동'이나 '무보수 노동'보다 '부불 노동'이 더 열 받으니까요. (웃음) 이 말을 들을 때마다 '어떻게 이런 일이 있을 수 있지?'라는 억울함과 분노가 솟아납니다. 개념 정의는 이래서 중요한 것이죠.

1995년에 개최된 UN 베이징(北京) 여성 회의의 요청에 따라, 이듬해인 1996년에 일본 경제 기획청(현 내각부)이 '당신의 가사 노동 가격은 얼마입니까?'라는 보고서를 발표했습니다. 이 보고서에는 전업주부의 평균 가사 노동의 가치가 연간 276만 엔(약 2,575만 원)*이라고 나와요. 물론 신생아를 돌보거나 손이 많이 가는 노인을 돌본다면 평균 가치는 더 높아질 거예요.

여러분은 연간 276만 엔을 받고 전업주부로 일할 생각이 있나요? 밖에 나가 비정규 노동자로 일하는 것보다 수입이 많을지도 모릅니다. 하지만 이 금액을 누가 지급하는지

생각해 봅시다. 이 금액을 아내에게 줄 수 있는 남자가 과연 있을까요? 요즘 남성의 평균 연봉이 대략 400만 엔(약 3,731만 원)이니 아내에게 276만 엔을 주고 나면 남는 게 없어요. 게다가 남편이 일자리를 잃어도 아내의 가사 노동은 똑같아서 276만 엔이라는 금액은 변하지 않습니다. 오히려 276만 엔이라는 금액의 산정 방식이 타당했는지도 따져볼 필요가 있습니다.

이때 기다렸다는 듯이 등장한 아저씨들이 '가사는 돈으로 환산할 수 없는 신화적 사랑의 행위'라고 항의하는 주부들을 치켜세우기 시작했습니다. '아내는 가정의 공동 경영자' '부인은 가정의 내무장관이니 자랑스럽게 생각하라'라고 말입니다. 이유는 뻔합니다. 그런 주장이 결혼한 남성에게 편리하기 때문이죠.

부불 노동론을 제시한 후 우리는 큰 저항에 부딪혔습니다. 비난은 두 집단에서 쇄도했습니다.

첫 번째 집단은 앞서 말했듯 주부들 자신이었습니다. 게다가 보수적인 아저씨들이 응원단을 자처하며 이들을 칭송했습니다. '주부는 가치 있는 노동을 담당한다'라면서요.

저는 '그렇게 가치 있는 일이면 당신들이 하면 되잖아'라고 속으로 반박했습니다.

두 번째 집단은 마르크스 전문 경제학자들이었습니다.

그들은 이렇게 말했습니다. '가사는 노동이 아닙니다.'

'가사를 노동이라고 말하는 것은 당신들이 경제학에 무지하기 때문입니다.'

실제로 당시 전업주부의 생활을 '세 끼 제공, 낮잠 포함'이라며, 편한 직업이라고 조롱하는 사람이 많았습니다. 이에 주부들이 '아침부터 밤까지 소처럼 일하느라 힘들다'라고 항의하자 경제학자들은 이렇게 대꾸했습니다.

> "가사를 필수 노동으로 인정한다 치더라도 가사 노동은 가치를 생산하지 못하는 불생산 노동입니다. 왜냐하면 **마르크스**가 그렇게 말했으니까요."

카를 마르크스(Karl Marx) 1818~1883년. 독일 출신 사상가, 경제학자. 1848년에 프리드리히 엥겔스(Friedrich Engels)와 함께 『공산당 선언』을 간행하고 1967년에 자본주의 사회의 경제 법칙을 분석한 『자본론』 제1권을 간행했다.

당시 경제학 분야에서 마르크스는 신과 같은 존재였고 『자본론』은 한 글자도 바꾸지 않고 엄밀하게 해석해야 하는 성경처럼 여겨졌습니다.

여성들은 경제학을 잘 몰랐지만 실제로는 집에서 일하면서 힘들었기에 '그러면 우리는 왜 힘든 거지?'라고 의아해했습니다. 지동설을 부정당한 코페르니쿠스처럼 반론을 미루고 '그래도 지구는 돈다'라며 일단 물러섰습니다. 그러나 페미니스트들은 침묵하지 않았습니다.

이론과 경험이 반대되는 상황이었습니다. 이론이 이처럼 경험을 설명하지 못한다면 이론과 경험 중 하나가 틀렸다는 뜻입니다. 그런데 경험은 틀릴 수 없습니다. 그러므로 경험을 설명하지 못하는 이론이 틀린 것이죠.

저는 저 자신을 '마르크스주의 페미니스트'라고 칭합니다. 이 말을 들으면 '마르크스를 아주 좋아하나 보다'라고 생각할지 모르지만 잠깐만 기다려 보세요. 마르크스주의 페미니스트란 '마르크스 이론에 충실한 페미니스트'가 아니라 '마르크스에 도전하는 페미니스트'를 말합니다. **하이디 하트먼**도 마르크스주의 페미니스트로, **『마르크스주의와 페미니즘의 불행한 결혼』**이라는 책에서 이렇게 단언했습니다. '마르

이론이 경험을 설명할 수 없다면 이론은 틀린 것이다

하이디 하트먼(Heidi Hartmann) 1946년~. 미국의 경제학자. 마르크스주의 페미니스트. 1987년에 싱크탱크인 「여성 정책 연구소」 설립, 현재 소장.

「마르크스주의와 페미니즘의 불행한 결혼」(マルクス主とフェミニズムの不幸な結婚) 리디아 사전트(Lydia Sargent) 편저, 다나카 가즈코(田中かず こ) 옮김. 하이디 하트먼이 1981년에 제기한 「사회적 페미니즘이란 무엇인가」라는 문제를 둘러싸고 계속 이어진 논쟁 기록. 1991년 간행.

*
Women and Revolution:
A Discussion of the
Unhappy Marriage of
Marxism and Feminism

크스는 성에 관한 인식에서 맹인이다(Marx is sex-blind, 여성의 문제를 보지 못했다)'라고요. 페미니스트들은 당시 신으로 통했던 마르크스를 이렇게나 신랄하게 비판했습니다.

마르크스 이론만으로는 여성 문제를 풀 수 없어서 저에게는 다른 이론이 필요했습니다. 그래서 도입한 것이 '가부장제 이론'입니다. 저뿐만 아니라 많은 동시대 여성이 같은 생각을 하고 있어서 서로 배워가며 연구한 끝에 '가부장제와 자본주의'라는 이론을 수립할 수 있었습니다.

여기서 여러분에게 공유하고 싶은 자료가 있습니다. 2020년 10월에 시행된 **국세 조사**의 질문표입니다. 그 일부를 [도표3]에 실었습니다.

'9월 24일부터 30일까지 일주일 동안 일을 했습니까?'라는 질문이 보입니다. 그 선택지는 '일을 조금이라도 했다'와 '일을 조금도 하지 않았다'이고 '일을 조금도 하지 않았다'의 하위 선택지에는 '집안일'이 포함되어 있습니다. 일본 국세 조사에서는 '집안일을 하는 사람'을 '일하지 않는 사람'으로 규정한 것이지요. 기가 막힌 일입니다.

아니나 다를까, 이 질문표에 분노를 표시한 사람이 있었습니다. 1985년 아사히(朝日) 신문 독자 투고란에 그의 글이

국세 조사(國勢調査) 법률에 기반해 정해진 날에 일본 국내의 인구, 가족 구성, 취업 상태 등을 조사하는 일. 1920년부터 10년마다 본 조사가, 5년마다 간이 조사가 시행되고 있다.

실렸습니다.

　'집안일이 일이 아니라고요? 국세 조사의 질문 항목
을 보고 제 아내도 화가 났습니다. ― 50대 회사원'

아사히 신문은 이 투고에서 아이디어를 얻어 특집 기사를 기
획했습니다. 그러나 당시 국세 조사 담당 관청인 총무청(현재

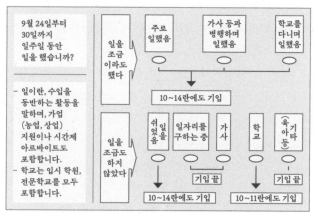

[도표3] '국세 조사 ― 가사는 일이 아닌가?'
(출처: 총무성 통계국 2020년 국세 조사 조사표)

총무성) 통계국*은 다음과 같은 냉담하고 짧은 답변을 돌려주었습니다.

'1920년에 첫 국세 조사를 실시한 후 똑같은 조사표를 써왔으니 이제 와서 바꿀 수 없습니다.'

똑같은 조사표를 지금도 쓰고 있습니다. 시간에 따른 변화를 파악하기 위해 질문 항목을 바꿀 수 없었겠지요.

그러나 '50대 회사원'의 아내는 '집안일은 일이 아닌가?' '나는 일을 안 하는가?'라며 분노했습니다. '주부인 나는 일하는 여성이 아니란 말인가?'라고요.

이 의문은 1980년대에 결국 크게 불거졌습니다. 마침 '부불 노동론'이 한창 일본에 퍼지고 있을 때였어요.

*
대한민국의 행정안전부 역할과 비슷.

그로부터 30년이 지난 지금, 화제의 드라마 〈**도망치는 건 부끄럽지만 도움이 된다**〉를 보고 깜짝 놀랐습니다. 간단히 그 내용을 소개하자면, 집안일에 소질이 없는 남자 회사원 쓰자키 히라마사(津崎平匡)가 대학원을 나와도 취직을 못 하는 여자 모리야마 미쿠리(森山みくり)를 가사 도우미로 고용하여 함께 생활하는 이야기입니다. 그런데 어느 날 히라마사의 회사에 사정이 생겨서 미쿠리에게 급여를 주기 어려워집니다. 그러자 히라마사는 좋은 생각이 났다며 결혼을 제안합니다. 결혼을 하면 아내가 되니, 급여를 주지 않아도 된다고 생각한 것이죠. 그러자 미쿠리는 '그건 애정이라는 이름의 착취입니다'라며 제안을 단칼에 거절합니다.

이 장면을 보며 '30년이 지나 당시의 비상식이 이제는 상식이 되었구나' 싶어 감개무량했습니다.

논문 하나가 떠올랐습니다. 제1차 주부 논쟁이 한창이던 1959년, 당시 저명했던 경제학자 **쓰루 시게토** 씨가 발표한 〈현대 주부론(現代主婦論)〉입니다. 내용이 아주 재미있어서 일부 인용해 볼까 합니다.

'내가 독신이라고 가정하자. 남자 혼자서는 일상적인

〈**도망치는 것은 부끄럽지만 도움이 된다**(逃げるは恥だが役に立つ)〉 2016년 방영된 TV 드라마. 우미노 쓰나미(海野つなみ)의 만화를 노기 아키코(野木亜紀子)가 각색했다. 「계약 결혼」, 「가사의 경제적 가치」등 사회 문제를 다루어 화제가 되었다. 이후 주인공 부부의 이야기를 그린 특별편이 2021년 1월에 방영되었다.

쓰루 시게토(都留重人) 1912~2006년. 세계적 경제학자. 전 히토쓰바시(一橋) 대학 총장. 1935년에 하버드대학을 졸업한 후 같은 대학 강사로 근무. 1942년 귀국. 1947년에 제1회 〈경제 백서〉 집필.

가사 활동이 불편해 가정부를 고용한다. 가정부에게 매월 5천 엔(약 46만 원)을 지급하기로 한다. 그러면 가정부의 연간 소득 6만 엔(약 550만 원)이 일본의 국민 소득에 버젓이 포함될 것이다. 식사비, 주거비 등 현물 지급분까지 연간 6만 엔으로 상정하여 합하면 가정부의 연간 총소득은 12만 엔(약 1,100만 원)이 된다.'

'가정부'는 차별적 호칭이라 지금은 쓰이지 않지만 이 단어는 당시 문헌에 등장한 역사적 용어라서 그대로 썼습니다. 아내를 잃고 난 후, 생활이 불편하다는 이유로 가정부와 결혼하는 남성도 드물지 않았던 시대니까요. 계속 읽어 볼까요?

'어느 해 1월 1일에 내가 그 가정부와 결혼했다고 하자. 아내는 작년과 똑같이 청소하고 빨래하고 밥을 짓고 나를 돌보지만 나는 급여를 주지 않는다. 그러면 그 해의 일본 국민 소득이 12만 엔 줄어든다. 내가 가정부와 결혼하면 국민 소득이 12만 엔 줄어든다니 이상하지 않은가?'

마르크스주의 페미니스트의 주장을 아주 쉽게 풀어 쓴 글입니다. 쓰루 씨의 주장은 도전적이었지만 소수 의견이어서 그랬는지 아쉽게도 묵살되어 버렸습니다.

그런데 앞에 나온 드라마를 보면서 '시나리오 작가가 쓰루 씨의 이론을 알고 있었을까?'라는 생각이 들었습니다. 아마 몰랐겠지요. 그저 반세기가 지나자 사람들의 '상식'이 바뀐 거겠죠.

'가사는 대가가 따르는 노동'이라는 생각이 상식이 되어 인기 TV 드라마에도 그 대사가 등장하는 요즘, 그야말로 격세지감을 느낍니다.

'원오퍼 육아'*라는 말을 처음 들었을 때도 비슷한 기분이었습니다. 원오퍼란 'One Operation' 즉 '1인 직장'을 가리키는 말로 혼자 모든 것을 떠맡아야 하는 부담과 억압, 불안 등의 감정을 내포하고 있습니다. 나아가 '원오퍼 육아'라는 말에는 '있어서는 안 될 일'이라는 분노 등의 부정적인 감정이 포함되어 있습니다. 그래서 여자가 가사, 육아를 혼자 도맡는 게 당연했던 시대에는 '원오퍼 육아' 같은 말이 없었던 것이죠.

---

*
'원오페 이쿠지'(One Operation + 育兒).
번역하면 '독박 육아'.

이런 용어가 등장한 까닭은 '여자 혼자 육아 부담을 떠안는 것은 문제다'라는 인식이 널리 퍼졌기 때문입니다. 최근 젊은 아내들은 남편이 "육아를 돕겠다"라고 말하면 화를 낸다고 하네요. "뭐라고 했어?"라며 어이없어 하는 사람도 많을 겁니다. '아이는 둘이 만들었는데 그 아이 키우는 걸 돕는다고 말해? 당사자 의식이 너무 없다'라는 거죠. 요즘은 이러한 아내의 분노를 이해하지 못하는 사람은 남편 자격이 없다고 여겨지고 있어요.

가사, 육아, 요양은 '보이지 않는 노동' '그림자 노동'으로도 불립니다. 하지만 최근에 이런 노동이 조금씩 '가시화'되고 있는 것 같아요. 그 결과 이혼할 때 '아내의 공헌'을 인정하는 방향으로 재산 분할, 연금 분할, 기여분 상속이 이루어지고 있어요.

오래 살고 보니 무언가 달라지긴 하네요. 사회는 이렇게 끊임없이 변하고 있습니다.

마르크스주의 페미니즘은 시장에 '가정'이라는 외부가 있음을 이론적으로 밝혔습니다. 시장은 얼핏 자립적으로 보이지만 사실 외부에 의존하고 있습니다.

근대 법학은 '자유롭게 의사를 결정하는 자립적인 개인이라는 주체'가 사회를 구성한다는 '가설'을 전제로 성립합니다. 민법도 계약법도 그 전제 위에 만들어진 법률입니다.

가설이란, 증명할 수 없지만 '일단 그렇다고 해 두자'라고 '약속'한 명제일 뿐입니다. 그래서 페미니즘은 제일 먼저 '자유롭게 의사를 결정하는 자립적 주체'라는 개념에 이의를 제기했습니다. 혼자서도 다 잘하는 것처럼 보이는 시장에 나온 개인들이 사실은 시장 외부의 자연과 가족에 의존하고 있다는 사실을, 여러분도 외면하고 있지는 않은가요?

'Like A Single(마치 독신인 것처럼)'이라는 말처럼, 남자는 집을 나서는 순간, 가족도 아이도 가사 부담도 육아 부담도 전혀 없는 듯 회사에서 행동합니다. 그러나 가정의 책임을 짊어진 노동자, 즉 여성은 회사에서 일하면서도 '오늘 저녁은 뭘 만들지?' 틈틈이 고민하고, 냉장고의 재고를 머릿속으로 점검하다가 결국 점심시간에 장을 봅니다. 사람들은 이들을 '마음을 집에 두고 온 노동자'라고 조롱하죠. 한편 '당신이 밖에 나와 집안일을 손톱만큼도 생각하지 않을 수 있는 게 누구 덕분인 줄 아느냐'라고 따지고 싶게 만드는 남성들이 사회에서는 성실하다고 칭찬을 받습니다.

정치사상 연구자인 **오카노 야요** 씨는 이것을 '망각의 정치'라고 불렀습니다. 그 주장에 따르면 사람들은 자신이 '의존'하고 있는 대상을 잘 잊습니다. 가장 소중한 존재, 자립하지 못한 모든 존재를 품어주는 가정에 의존하고 있다는 사실을 잊는 것입니다. 그러므로 근대 자유주의 법학의 기반이 된 '자립적 개인'이라는 개념도 망각이 만들어낸 허상일 뿐입니다. 젠더 연구자들은 그러한 근대 자유주의에 근본적인 반론을 제기하고 있습니다.

오카노 야요(岡野八代) 1967년~. 정치학자. 도시샤(同志社) 대학 교수. 정치사상, 페미니즘 전문 연구 분야는 정치사상, 페미니즘 사상. 저서 『페미니즘의 정치학(フェミニズムの政治学)』(미스즈쇼보みすず書房, 2012년) 외 다수.

그러면 시장 외부에서 무슨 일이 일어나는지 알아봅시다.

일단 시장 내부에서는 사물(재화, 서비스)이 생산되고 유통됩니다. 모든 사물의 교환에는 대가가 따릅니다. 즉, 시장 내부의 노동은 지불 노동입니다.

한편 시장 외부에서는 생명이 생산되거나 재생산됩니다. 시장 외부의 가정이 생명을 낳고 기르고 떠나보내기 위한 모든 노동을 담당합니다. 이 노동은 대가가 따르지 않는 부불 노동입니다.

한 사회가 존속하려면 사물의 생산·재생산과 생명의 생산·재생산이 함께 이루어져야 합니다(이제 생명에 관해서만 '재생산'이라는 용어를 쓰게 되었으므로 앞으로 그 용법을 따르겠습니다). 생명의 재생산은 계속 여성이 담당해 왔습니다. 생산은 남성이 전담하고 재생산은 여성이 전담하는 것을 '성별 역할 분담'이라고 합니다.

이에 관해 마르크스는 『자본론』에서 다음과 같은 문장을 남겼습니다.

'자본은 인간의 재생산을 노동자의 본능에 안심하고

맡겨도 된다.'

다시 말해 노동자가 자신의 좁은 집에서 마음껏 성관계를 맺고 아이를 쑥쑥 낳으니 자본가는 노동력의 재생산을 걱정할 필요가 없다는 것입니다.

마르크스는 이 책을 19세기에 썼습니다. 19세기는 세계사적으로 인구가 폭발적으로 늘어나던 시대였습니다. 여성의 생애 평균 출산 수는 다섯 명이었고 아홉 명, 열 명을 낳는 여성도 있었습니다. 하지만 지금은 그렇지 않아요. 요즘 여성들은 평생 한 명이나 두 명을 겨우 낳아서 키웁니다.

마르크스는 19세기에 태어난 덕분에 인간의 재생산을 걱정하지 않아도 되었을 것입니다. 지금 생각하면 마르크스 역시 시대의 제약을 받았던 사람이고 마르크스주의 역시 19세기가 낳은 사상이었습니다.

마르크스는 『자본론』에서 '생명의 재생산'에 관해 엄청난 말을 하나 남겼습니다.

'생식이란 타인을 생산하는 행위를 말한다.'

놀라울 따름입니다. 이렇게 생각했으니 자녀를 소유물로 보고 자기 생각대로 통제하려 했을 것입니다.

사회가 존속하려면 생산과 재생산, 즉 '사물의 생산'과 '생명의 재생산'이 필수입니다. 그런데 이 두 가지 기능은 어떤 구조 위에서 성립할까요? 우리 사회로 말하자면 사물의 생산은 자본주의 위에서, 생명의 재생산은 가족이라는 **가부장제** 위에서 성립합니다.

가부장제와 자본주의는 별개의 구조라서 따로 생각해야겠지만 상호 의존 관계이기도 하므로 서로 대립하거나 결탁하여 협력하기도 합니다. 역사를 연구하면 둘의 관계가 계속 변했다는 것을 알 수 있습니다.

산업 혁명 초기에는 자본주의가 가부장제를 침식했습니다. 자본주의보다 오래된 구조인 가부장제는 자본주의가 새로 등장하자 한바탕 흔들렸지요. 사회가 변동하는 시기에는 사회 주류인 기득권 집단은 천천히 변화하는 한편 비주류인 여자와 아이들은 빨리 변화하기 때문입니다.

산업 혁명 초기에 공장 노동력으로 동원된 사람들도 여자와 아이들이었습니다. 단순노동에는 아이들도 쓸모가 있

가부장제 남성 가장이 모든 권력을 쥐고 구성원(가족 등)을 통솔하고 지배하는 가족 형태.

산업 혁명 18세기 후반의 생산 기술 혁신으로 공장제 생산이 가능해지면서 영국에서 시작된 경제, 사회 구조의 변혁. 19세기에는 유럽 각국으로 확대되어 근대 자본주의를 실현했다.

었으므로 자본가는 아이들을 오랜 시간 혹사시켰습니다. 유명한 기록 문학 『여공 애사』를 보면 '여공'으로 불린 여성 공장 노동자들이 초기에는 거의 기혼 통근자였던 듯합니다. 설사 부모나 남편이 억지로 일을 시켰다고 해도 돈을 벌게 된 여성들의 발언권이 강해졌겠지요. 아버지와 남편의 권력은 상대적으로 약해졌을 테고요.

그 결과 산업 혁명 초기에 가부장제와 자본주의가 1차로 타협합니다. 이것을 '빅토리아 왕조의 타협'이라고 합니다. 이전에는 노동자에게 12시간이든 14시간이든 일을 시킬 수 있었지만 이때 '10시간 법'이라는 노동 시간 규제법이 생겨 노동자에게 10시간 이상 일을 시킬 수 없게 되었습니다. 10시간도 긴 시간이지만 말입니다. 그러다가 결국 아동의 노동이 금지됩니다. 이때부터 '아동에게 일을 시키면 안 된다' '여자는 장시간 일하면 안 된다'라는 규제가 하나씩 생기기 시작했습니다.

지금은 14세 미만의 노동은 완전히 금지되어 있습니다. 국가가 14세 미만의 노동을 금지했다면 그 국가가 14세까지는 책임지고 무상으로 키워줘야 한다고 생각하지만 그 이야기는

『여공 애사(女工哀史)』 1925년에 간행된 호소이 와키조(細井和喜蔵)의 기록 문학. 방적 공장에서 일했던 여성 노동자들의 가혹한 노동과 학대의 실태를 기록했다. 이후 이 책 제목이 가혹한 노동의 대명사로 쓰이기도 했다.

일단 나중으로 미뤄두죠.

노동 시간을 규제하거나 아동 노동을 금지하는 법률은 얼핏 노동자의 복지를 위한 것으로 보이기도 합니다. 그러나 이 법률은 노동 시장에서 여자와 아동을 쫓아내는 결과를 낳았어요. 그 빈자리를 남자들이 대신 채웠지요.

초기의 기혼 통근 여공들도 점차 미혼 여공으로 대체되었습니다. 자본가는 이들을 기숙사에 모아놓고 2교대나 3교대제의 장시간 노동에 투입했습니다. 그 편이 관리하기 쉬우니까요. 비싼 기계를 야간에 놀리지 않고 24시간 가동하기 위해 인간의 노동 시간을 기계에 맞춘 것이지요.

이후 제2차 산업 혁명이 일어나자, 산업의 중심이 경공업에서 중화학 공업으로 바뀌었습니다. 제조업 중에서도 제철이나 기계 제작이 늘어나면서 남성 노동자의 비중이 커졌고 제조업은 점점 남자의 일이 되어 갔습니다. 용광로 앞에서 일하려면 역시 남자가 필요하다고 여겨졌기 때문입니다. 제조업 중 백색 가전 제조 공장처럼 섬세한 감각이 필요한 곳에 농촌 여성들이 동원되기도 했지만 거의 모든 공장이 남성 노동자를 주로 채용했습니다. 오랫동안 일본 최대의 산업이었던 자동차 제조 공장 역시 남성 노동자로 가득 찼습니다.

그러나 공장 노동자를 남성으로 한정할 이유는 없습니다. 스웨덴의 볼보가 여성 노동자를 받아들였을 때 필요했던 것은 여성의 손에 맞는 작은 공구뿐이었다고 하니까요.

생각해 보면 애초에 자본가는 노동자를 '회사원'으로 종신 고용하고 '가족급'(단독 수입으로 세대를 유지하기 충분할 만큼의 임금)을 지급할 이유가 없습니다. 생산성이 떨어진 고령 노동자에게 연봉을 지급할 이유도 없지요. 그저 노동자의 생산성에 따른 성과급 임금을 때마다 지급하면 됩니다.

그런데도 일본의 기업은 노사 협조 노선에 따라 '남성 가장 모델'을 유지해 왔습니다. 그에 따른 현재의 **멤버십형**

고용'도 경제적으로 상당히 비합리적인 제도입니다. 하지만 자본주의는 가부장제와 타협하기 위해 이 방법을 택했습니다. 그것이 가부장제와 자본주의의 두 번째 타협입니다.

제3차 산업 혁명, 즉 정보 혁명이 20세기 중반에 시작되었습니다. 정보와 서비스의 생산에는 강인한 체력이나 완력이 필요 없으므로 경제가 소프트화되면 가부장제도 해체될 거라고 기대한 사람들이 있었습니다. IT 혁명 초기에는 페미니스트 중에도 '가부장제 없는 자본주의'가 실현될 거라고 주장한 사람이 있었어요.

그런데 정보 혁명이 성별 격차를 해소했을까요? 그렇지 않습니다. 실증 연구를 통해 IT 산업이 성별 격차를 재편성했을 뿐 해소하지 못했다는 사실이 이미 밝혀졌습니다. 첨단 기업에서도 남성에게 핵심적인 일을, 여성에게는 하찮은 일을 주는 식으로 업무 배치가 이뤄졌습니다.

원칙적으로 성별, 인종, 국적은 자유 경쟁 시장의 판단에 아무런 영향을 끼치지 않습니다. 그러나 누구나 알다시피 시장은 노동력을 싸게 사기 위해서라면 시장 외의 변수를 얼마든지 이용합니다. 성별도 그 변수에 해당합니다. 그런 의미에서 자본주의는 정말 만만치 않은 구조입니다.

멤버십형 고용 인재를 채용한 후 직무를 할당하는 고용 형태. 일본은 기업 대다수가 채택했으므로 '일본형 고용'으로도 불린다. 반면 직무에 따라 인재를 고용하는 형태는 '직무형 고용'이다.

산업 혁명 이후 임금 노동자와 무직의 아내 즉 전업주부라는 존재가 탄생하게 됩니다. 전업주부가 존재하려면 직장과 주거가 분리되어야 합니다. 요즘은 코로나 사태 이후 원격근무가 많아져서 출퇴근이 필수가 아닌 시대죠. 그래서 '러시아워의 출퇴근 지옥을 왜 경험해야 하는 걸까?'라고 궁금해하는 사람도 꽤 있다고 하네요. 우리는 언제부터 직장과 떨어진 곳에 살며 매일 출퇴근하는 과정을 감수하게 되었을까요?

근대 이전에는 노동자가 사는 집이 곧 생산의 장이었습니다. 그래서 전업주부도 없었습니다. 전근대 일본의 인구 80% 정도는 농민이었어요. 농부의 아내가 남편에게 도시락을 싸 주고 집 앞에서 아기를 안고 '다녀와요'라고 인사하는 장면은 상상하기 어렵죠. 농가의 가족은 그 자체로 하나의 노동 집단이었으므로 늙은이든 젊은이든 일을 할 수 있는 여건이라면 모두 논밭에 나가 일을 했습니다. 그리고 노쇠하여 더는 일할 수 없게 된 할머니, 할아버지가 아이들을 돌보는 구조였지요.

근대 자본주의에서 급여 생활자가 등장하고 남성이 그 자리를 독점하자 집에는 무직의 주부가 남게 되었어요. 이들은 시장에서는 무직이었지만 엄연히 '일하는 여자'였습니다.

왜냐하면 앞서 말했듯 가사도 노동이니까요. 그 노동이 '보이지 않는 노동'이자 '부불 노동'이었을 뿐입니다.

주부의 노동에 어느 정도의 가치가 있는지 금액으로 평가하려면 어떻게 해야 할까요?

가사 노동이 국민 경제에 얼마나 공헌하는지 정식으로 평가하라고 UN이 가맹국들에게 요청한 적이 있습니다. 그래서 1995년 세계 여성 회의 때 부불 노동을 **국민 경제 계산 체계**의 **위성 계정**(경제 활동 기여분 중 GNP에 포함되지 않는 부분)으로 추가하라는 지침이 내려왔습니다.

개발 도상국들은 이 지침에 반발했습니다. 시장 내 소득으로 계산되는 노동보다 시장 밖 부불 노동의 비중이 더 커서 그만큼을 위성 계정으로 추가하면 국민 경제 계산 총액이 늘어난다고 생각했기 때문이에요. 그러면 GNP에 따라 책정되었던 UN 분담금이 늘어나니까요. 그러나 실제로 위성 계정은 말 그대로 위성 같은 외부 요소로 취급되어, 본 GNP에는 영향을 미치지 않는 것으로 밝혀졌어요. 개발 도상국들의 걱정은 기우로 끝났습니다.

당시 일본의 경제 기획청은 그 이듬해인 1996년에 주부의 노동 가치를 연봉 276만 엔으로 보고했습니다. 어떻게 나온 수치일까요? 귀찮더라도 한번 살펴봅시다.

국민 경제 계산 체계(SNA, System of National Accounts) 국가 경제 전체 상을 보여주는 일련의 통계. 각국의 경제 상황을 비교할 수 있도록 UN의 기준에 따라 작성한다. 일본 내 각부는 이 통계 중 분기별 GDP 속보와 연도별 국민 경제 계산 추계를 공표하고 있다.

위성 계정(Satellite Account) 종래의 경제 계산 체계로는 파악할 수 없는 테마나 분야의 소득을 반영하기 위한 감정 체계. UN이 정한 국제 기준에 따라 부불 노동(무상 노동분) 항목이 위성계정으로 추가되었다.

부불 노동을 계산하는 방식으로는 기회비용 방식, 스페셜리스트 접근법, 제너럴리스트 접근법이 있습니다.

첫 번째, 기회비용 방식(OC법, Opportunity Cost Method)은 가사를 다른 이에게 맡겼을 때 자신이 밖에 나가 얼마를 벌 수 있는지 계산하는 방식입니다. 이때 시간당 수입은 여성 노동자의 평균 임금으로 산정합니다.

둘째는 대체 비용 방식 중 하나인 스페셜리스트 접근법(RC-S법, Replacement Cost Method, Specialist Approach)입니다. 요리는 요리사, 세탁은 세탁소 사장, 청소는 청소부라는 전문인에게 각각 의뢰했을 때 총 얼마를 지급해야 하는지 계산하는 방식입니다.

셋째는 대체 비용 방식 중 나머지 하나인 제너럴리스트 접근법(RC-G법, Replacement Cost Method, Generalist Approach)입니다. 모든 가사를 해결할 수 있는 도우미에게 집안일을 맡겼을 때 비용이 얼마나 들어갈지 계산하는 방식이죠.

세 가지 방법으로 계산하면 기회비용 방식 → 스페셜리스트 접근법 → 제너럴리스트 접근법 순으로 높은 금액이 산출됩니다.

먼저, 기회비용 방식으로 계산한 금액은 여성 노동자의 평균 임금과 같을 것입니다. 그런데 스페셜리스트 접근법으로 계산한 가사 노동 전문직 임금의 합이 여성 노동자의 평균 임금보다 낮았어요. 그리고 마지막 제너럴리스트 접근법으로 계산한 가사 도우미의 임금은 그보다 더 낮았습니다.

결과적으로 경제 기획청은 그중 제너럴리스트 접근법을 채택했습니다. 주부가 하는 평범한 일은 숙련 노동이라고 할 수 없으며 기껏해야 반 전문직, 요리사로 보자면 수습 요리사 정도에 해당한다고 판단해 제너럴리스트 접근법을 채택한 것입니다. 다시 말해 가사를 누구나 할 수 있는 비숙련 노동으로 간주하고, 제일 낮은 금액을 산정한 거죠.

그런데 이 계산에는 허점이 많습니다. 기회비용 방식을 채택한다 해도 그 결과에 의문을 제기할 수 있습니다. 일단 시간당 수입의 기준은 여성 노동자의 평균 임금이 아니라 남녀를 망라한 모든 노동자의 평균 임금이 되어야 하지 않을까요? 여성 노동자의 평균 임금이 남성 노동자보다 낮아서 여성의 기회비용이 남성보다 적은 경향이 있으니까요. 그렇다 보니 재미있는 현상이 벌어집니다.

유럽 남성이 일본 남성보다 가사에 시간을 더 많이 할

애하는 편이니 유럽 남성을 예로 들어 설명하겠습니다. 유럽 남성이 가사 노동에 하루 한 시간을 할애한다고 하면 남성 노동자의 평균 임금으로 산정되는 한 시간의 기회비용이 여성보다 크게 마련입니다. 그렇다면 같은 일을 해도 남성이 하는 가사의 가치가 여성보다 커지게 됩니다. 설사 가사의 질이 더 낮아져도 GNP에는 남성이 더 크게 공헌하게 되는 거죠. 정말 이상한 일 아닌가요? 이것만 봐도 시장이 가사 노동자의 노동 가치를 얼마나 낮게 평가하는지 알 수 있습니다.

가사 노동이 시장 안으로 들어온다고 해도 가사 노동에는 여성 노동자의 평균 임금보다 높은 금액이 매겨지기 어렵습니다. 요양 종사자의 평균 월 급여가 전체 산업 평균보다 약 7만 엔(약 64만 원) 적다는 통계도 있습니다. 심지어 보육 종사자의 월 평균 임금은 그보다도 약 3만 엔(약 27만 원) 적다고 합니다. 즉 육아든 요양이든 아주 낮은 평가밖에 받지 못하는 거죠. 이처럼 가사 노동을 유상화하면서도 시장에서 낮은 평가를 받게 만드는 시스템을 '사적 가부장제'에 대비해 '공적 가부장제'라고 부릅니다.

이 연구는 결국 이런 의문으로 마무리되었습니다.

'육아나 요양 같은 돌봄 노동의 비용은 왜 계속 저렴하게 인식되는 걸까?'

여성 혼자 가사、육아、요양을 전부 짊어지는 사회

제
2
장

'부불 노동' 이론은 노동의 개념을 바꿨습니다. 노동의 개념이 바뀌자 **노동 통계**도 바뀌었습니다. 따라서 1990년대 이후에는 노동 통계의 총 노동 시간이 '수입 노동 시간'과 '무수입 노동 시간'이라는 두 항목의 합으로 산출되고 있습니다.

사다 마사시*가 부른 〈관백 선언〉이라는 노래를 살펴볼까요. 결혼하는 상대에게 '나보다 먼저 자면 안 돼, 나보다 늦게 일어나면 안 돼'라고 요구하는 어이없는 노래예요. 그런데 굳이 이 노래를 언급할 것도 없이, 여성의 평균 수면 시간이 남성보다 짧다는 게 통계적으로 증명되었습니다.

'수입 노동 시간'만 보면 남성의 평균 노동 시간이 여성보다 길지만 '무수입 노동 시간'까지 합하면 여성의 평균 노동 시간이 남성보다 깁니다. 이런 성별 통계 덕분에 여성의 생활 실태가 알려지게 되었어요.

'가사 노동론'은 가사란 무엇이고 여성들이 집에서 무슨 일을 하는지 연구하는 학문입니다. 이전에 가사 노동은 여자가 하는 게 당연하고 여자라면 누구나 할 수 있는 단순한 일로 여겨졌지만 막상 연구해 보니 그보다 매우 심오한 일이었어요.

노동 통계 노동력, 고용, 노동 시간 등 노동 형태, 또는 노동자와 그 가족에 관한 일련의 통계. 주로 정부나 지자체가 작성한다. 가사, 요양, 간호, 육아 등 가사 활동과 자원봉사 활동을 「Unpaid Work(무상 노동)」로 간주하여 평가액을 추산한다.

〈**관백 선언(関白宣言)**〉 싱어송라이터인 사다 마사시가 1979년에 발표한 곡으로 약 160만 장이 팔려 대히트를 기록했다. 그러나 그 가사를 문제삼은 여성들의 비판과 항의도 쇄도했다.

*
佐田雅志.
일본의 소설가 겸 가수.

최근에 가사 노동론은 더 진화했습니다. 쇼핑, 요리, 쓰레기 버리기, 욕실 청소 같은 개별 과제뿐만 아니라 그 모든 과제를 구성하고 전개하는 무대 뒤의 기획도 **'보이지 않는 가사'**로 정의되었기 때문입니다. 이런 식으로 이론이 치밀해지자 남자가 여자의 '보이지 않는 노동'에 얼마나 의존해 왔는지도 점점 가시화되는 중입니다.

가사 노동이란 넓은 의미에서 인간의 생명을 낳고 기르고 생활을 유지하며 환자나 장애인을 돌보고 늙은이를 보살피는 노동입니다. 그래서 '재생산 노동' 또는 '돌봄 노동'으로 불립니다. 아이를 낳고 기르는 일을 예로 들자면, 매일 정시에 귀가해 아이에게 밥을 먹이거나 아이가 돌아오면 밥을 먹을 수 있게 준비하고 목욕물을 데워 놓는 일이 전부, 생명을 재생산하는 노동입니다. 가족 중 누군가가 매일 이런 일을 해주는 덕분에 사회가 원활하게 돌아가는 것이죠.

보이지 않는 가사 요리, 세탁, 청소처럼 눈에 띄지 않지만 엄연히 존재하는 집안일. 소모품 보충, 식단 구성 등 생활에 필수적인 일이 많다. '이름 없는 가사'라고도 불린다.

요즘 '가족의 위기'라는 말이 많이 나오지만 가족의 위기를 지적하는 사람은 근대 초기부터 많았습니다. 어제오늘 이야기가 아니죠.

예전에 제가 미국의 페미니스트 법학자 **마사 A. 파인먼**의『가족, 과적 방주』*를 감수·번역한 적이 있어요. 미국 법학회 회장까지 역임한 저자가 그 책에서 펼쳤던 과격한 주장을 지금 여러분과 나누고 싶습니다. 그 과격한 주장은 '결혼이라는 법적 제도를 폐지해야 한다'라는 것이었습니다. 그렇게 되면 일단 '불륜'이라는 개념부터 사라지겠군요. 이렇게 좋을 수가!(웃음)

저자의 강연도 들었는데 질의응답 시간에 한 여학생이 손을 들고 질문했습니다. "선생님은 프리섹스를 지지하십니까?" 그야말로 웃긴 질문이지만 저자의 대답이 더 기가 막혔습니다.

> "아뇨, 그렇지 않습니다. 일부일처제든 프리섹스든 취향의 문제이니 마음대로 하면 되죠. 일부일처제가 마음에 든다면 그것도 취향대로 하면 되고요."

마사 A. 파인먼(Fineman, Martha Alb-ertson) 1943년~. 미국의 페미니즘 법학자. 대표 저서는『가족, 과적 방주—포스트 평등주의의 페미니즘 법리론』(2003년 가쿠요學陽서방)、『돌봄 유대—자율 신화를 넘어서(ケアの絆—自律神話を超えて)』(2009년 이와나미 서점)。

*
『가족, 과적 방주 – 포스트 평등주의의 페미니즘 법리론(家族, 積みすぎた方舟 – ポスト平等主義のフェミニズム法理論)』

성인 남녀의 성관계는 취향 차원의 일이니, 법적으로 구속할 필요가 없다는 뜻입니다. 그렇다면 '**부부 별성**'을 허용해야 하느냐' 논쟁도 무의미해집니다. 다양한 성관계 중에서도 특정 성관계(이성애 단혼제)만 특권화하여 법적 보호의 대상으로 삼지 않는다면 국가가 성인의 성관계에 관여할 필요도 없겠지요. 그 대신 '돌봄 유대'를 법적 보호의 대상으로 삼아야 한다고 저자는 주장합니다. '돌봄 유대'란 자녀라는 의존적 존재를 중심으로 유지되는 지속적인 관계를 의미합니다.

얼핏 급진적으로 들리지만 매우 현실적인 제안입니다. 이혼이 특히 많은 미국에서는 혼인 관계 대부분이 평생 유지되지 않습니다. 어차피 평생을 기약할 수 없다면 성관계와 돌봄 관계 중 좀 더 안정적이고 지속적인 관계를 보호하는 것이 나을지도 모르죠. 섹스로 이어진 관계는 돌봄을 주고받는 관계에 비해 유지 기간이 짧습니다. 따라서 가족의 기반을 남녀 관계에 두기보다 돌봄 유대에 두어야 하고, 그 유대의 권리 및 의무 관계를 법적 보호의 대상으로 삼아야 한다는 것입니다. 상당히 쉽고 설득력이 있는 주장이에요. 하지만 저자는 자신이 소수파라서 지지자가 별로 없다며 웃더군요.

부부 별성(夫婦別姓) 자신의 희망에 따라 결혼 후에도 부부가 각각 결혼 전의 성씨를 유지하도록 허용하는 선택적 부부 별성 제도. 2021년부터 심의되었으나 계속 반대에 부딪혀 의회를 통과하지 못하고 있다. 지금은 현행법상 부부가 한쪽 성을 고르게 되어 있지만 90% 이상이 남편의 성을 고른다.

저자는 '근대 가족은 의존을 민간화(Privatization)했다'라고도 말했습니다.

가족은 혼자 살 수 없는 의존적인 존재를 품어 기른다는 점에서 다른 사회 집단과 많이 다릅니다. 아기는 전적으로 누군가의 도움이 필요하고, 24시간만 내버려 두어도 죽고 마는 존재니까요. 가정 안에서는 민법이 적용되는 성인들의 계약관계가 성립되지 않습니다.

여성 또한 혼자일 때는 의존적인 존재가 아닙니다. 그러나 의존적인 존재를 품는 순간 자발적으로 의존적인 존재가 됩니다. 이 두 가지를 '일차적 의존'과 '이차적 의존'으로 구분합니다. 여성은 구조로 인해 '돌보는 성'이 되었기 때문에 '이차적 의존성'을 띄게 된 것이죠.

그래서 저는 이 책의 제목을 원제*와 달리 『가족, 과적 방주』로 번역했습니다.

근대가 시작될 무렵 우리 사회는 시장 외부의 돌봄 부담을 전부 가족에게 떠맡겨 버렸습니다. 심지어 '가족'이라고 해도 옛날 같은 대가족이 아니라 부부와 아이로 이뤄진 핵가족이니 그 일을 맡을 성인 여자는 집에서 한 명뿐이죠. 이처럼 여자 한 명이 모든 돌봄 부담을 짊어진 모습을 '무게가 초

---

*

The Neutered Mother, The Sexual Family
(거세된 엄마, 성적인 가족).

과된 배'로 표현했어요. 어쩌면 근대 가족은 시작할 때부터 곧 좌초할 운명에 처해 있었는지도 모릅니다.

일본 정부는 2000년에 **요양 보험 제도**를 시행했어요. 요양 보험은 '돌봄 사회화'를 위한 첫걸음으로 평가됩니다. 말 그대로 '돌봄 사회화'의 완성이 아니라 첫걸음을 뗀 것이죠. 부분적 사회화지만 그것만으로도 큰 변화라고 할 수 있습니다.

'사회화'는 탈가족화(De-familization)로도 불립니다. 모든 역사적 변화에는 시작과 끝이 있으므로 '돌봄의 사회화'가 있기 이전에 '돌봄의 가족화'가 반드시 있었을 거예요. 파인먼은 이 '돌봄의 가족화'를 '의존의 민간화'라고 표현했습니다.

돌봄이 가족화되기 전에는 어떤 방식으로 돌봄이 이루어지고 있었을까요? 육아와 요양을 가족에게만 맡기지 않고 공동체가 함께 감당하는 방식이었을 것입니다. 그러나 우리가 사는 근대 사회에서 재생산 노동 즉 돌봄 노동은 민간화, 즉 사적 영역인 가족이 맡고 있습니다. 그중에서도 여자가 홀로 돌봄 노동을 도맡고 있죠.

대가가 따르는 사물 생산을 남자가 독점하다 보니 생명을 낳아 기르고 돌보는 재생산의 부불 노동이 여자에게 배당되었습니다. 여자는 '돌보는 성'이 되었고 그에 걸맞은 언행이 '여자다움'으로 통하게 된 거죠.

요양 보험 제도 고령자의 요양을 사회 전체가 서로 돕는 구조. 요양 보험법에 따라 지자체가 시행한다. 피보험자는 40세 이상. 원칙적으로 65세 이상이고 「지원이 필요한 상태」 또는 「요양이 필요한 상태」로 인정되면 혜택을 받을 수 있다.

이처럼 남자가 생산을 전담하고 여자가 재생산을 전담하는 체제가 '샐러리맨과 전업주부 체제'입니다. 일본에서는 패전 이후에 확립되었을 만큼 역사가 짧은 이 체제를 **오치아이 에미코** 씨는 '전후 가족 체제'('가족의 55년 체제')라고 명명했습니다.

성별에 따라 '남자는 일, 여자는 가정'으로 영역을 나누는 방식을 '성 역할 분담'이라고 합니다. 그런데 요즘 대부분의 기혼 여성이 바깥일을 병행하다 보니 '남자는 일, 여자는 일과 가정'이라는 식으로 여성이 이중의 부담을 짊어지고 있습니다. 이것을 '새로운 성 역할 분담'이라고 부르기도 합니다. 하지만 머잖아 남녀를 가리지 않고 둘 다 생산자이자 재생산자로 기능하는 역할 분담 모델이 등장하겠지요.

우리가 마르크스주의 페미니즘을 제창하며 시장과 가정의 이원론을 처음 구성했을 때 예리한 반론이 하나 제기되었습니다. '우에노의 이론에는 결정적으로 국가가 빠져 있다'라는 것이었어요.

국가는 시장과 별개로 움직이며 징세권이라는 강제력을 행사하여 세금이라는 재원을 시장에 투입하거나 가족에

오치아이 에미코(落合惠美子) 1958년~. 사회학자. 교토(京都) 대학 대학원 문학 연구과 교수. 연구 분야는 가정 사회학, 젠더론, 역사 사회학. 저서는 『21세기 가족으로*(21世紀家族へ)』외 다수.

* 『21세기 가족으로』: 부제는 '가족의 전후 체제에 대한 시각과 극복법'. 1994년에 초판 간행. 1997년, 2004년, 2019년에 개정판 간행. 제4판에는 총 2장이 새로 추가되었다. 가족 사회학의 기본서.

게 재분배합니다([도표4] 참조). 반론에서 지적했듯 시장 외부에는 자연과 가족 외에도 이 '국가'가 있었습니다. 그리고 국가 외에도 시장이나 국가, 가족과 다른 원리로 움직이는 또 하나의 영역이 있는 듯했습니다. 그래서 그 영역을 국가와 구별하여 '시민 사회'라 부르기로 했지요. 이 국가, 시장, 시민사회, 가족을 망라하여 모델화한 것이 [도표5]입니다.

마르크스 이론에 따르면 시장과 가족은 사적인 영역, 즉 민간에 속합니다. 여기에 공적인 영역은 관여하지 않습니다. 민간의 시장과 가족 사이의 협력은 자조(自助), 공조(公助), 공조(共助) 중 자조에 해당합니다. 가족끼리 돕는 것도, 시장에서 자비로 서비스를 구매하는 것도 '자조'입니다.

그런데 신기하게도 요즘 학생들은 이렇게 질문합니다.

"선생님, 가족끼리 돕는 건 공조(共助)죠?"

하긴, 가족이 점점 더 개인화되면 '자조'는 개인에게만 한정되고 가족끼리의 도움도 '공조'로 간주될지 모르겠습니다. 하지

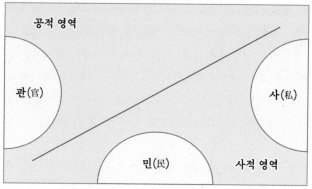

[도표4] '관·민·사'

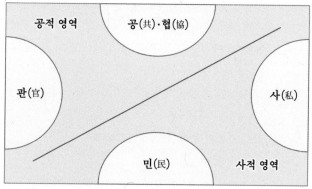

[도표5] '관·민·협·사'
(출처 : 『돌봄의 사회학』, 2011, 일본판)

만 공사를 구분할 때는 시장과 가족이 둘 다 사적 영역에 속한다는 걸 잊지 마세요. 다만 시장에는 교환의 원리가, 가족에는 증여의 원리가 작용할 뿐입니다.

한편 국가는 공적 영역입니다. 국가는 시장과 달리 교환의 원리가 아닌 집중과 재분배의 원리로 움직입니다. 그래서 돈을 많이 버는 사람에게 세금을 많이 걷어서 필요한 사람에게 분배하는 조세·사회 보장 기능을 수행하죠.

그런데 앞서 말했다시피 돌봄 노동에 관한 영역이 시장, 국가, 가족 말고도 또 하나 있다는 게 밝혀졌어요. 공동체, 시민 사회 등의 영역입니다. 여기에서는 교환 원리 대신 호혜(상호성)의 원리가 작용합니다. 이 영역이 바로 '공조(共助)'입니다.

잘 살려면(Welfare) 복지(Welfare)는 필수예요.

복지란 자조 능력에 한계가 있는 개인을 나라가 돕는 장치입니다. '자조 능력의 한계에 다다랐다', 즉 '자조할 수 없다'라는 것은 가족도 시장도 더 이상 기능하지 않는다는 뜻입니다. 이런 '가족의 실패(가족이 서로 도우며 살 수 없음)'와 '시장의 실패(시장에서 돈을 벌어 살 수 없음)'를 보완하는 장치가 바로 복지입니다.

복지의 책임은 어디에 있을까요? 가장 먼저 국가를 떠올릴 수 있습니다. 앞서 말했듯 사적 복지의 실패(가족의 실패와 시장의 실패)를 보완하는 것이 공적 복지인데 이것을 담당하는 국가를 '복지 국가'라고 합니다.

그러나 복지 전문가들은 이제 '복지 국가'라는 말을 쓰지 않습니다. 복지는 국가의 전유물이 아니며 국가가 모든 복지를 책임질 수도 없으니까요. '복지 국가'로 불리던 나라들도 이미 파산한 듯합니다. 그래서 최근에는 '복지 국가' 대신 '복지 다원 사회'라는 개념을 많이 언급하고 있습니다.

복지 다원 사회에는 네 곳의 다원적 영역이 있습니다. 국가, 시장, 시민 사회, 가족입니다. 이것을 간략하게 '관(官)·민(民)·협(協)·사(私)'로 표시해 보죠. 이때 국가를 '공(公)'이 아닌

'관(官)'으로 표현한 것은 국가가 '공(公)'을 대표하는 걸 바라지 않기 때문입니다.

국가는 과연 공익을 위해 일하고 있나요? 지자체의 이익이나 관청의 이익, 혹은 정치가나 관료의 사적 이익을 위해 일한다고 의심하게 만드는 사건이 한둘이 아닙니다. 이 모델을 구상하면서 국가가 '공적 영역'을 독점해서는 안 된다는 생각에 '공(公)'과 '공(共)'을 구분하고 전자를 쉽게(아니, 밉살스럽게) '관(官)'으로 표시하게 되었습니다.

'공(共)' 또는 '협(協)'은 국가 외의 또 하나의 공공 이익을 맡은 시민 사회입니다. '공'은 '공공(Common)'을 뜻하고 '협'은 '협동(Cooperation)'을 뜻합니다. 이 네 번째 영역까지 포함해 '관·민·협·사'의 다원 모델이 완성되었습니다. 이 모델에 기반하여 재생산을 누가 얼마나 분담해야 할지 연구하는 학문 분야가 바로 '돌봄 사회학'입니다.

1995년 **한신·아와지 대지진** 직후 '협'에 해당하는 사람들이 대거 등장했습니다. 올해*로 딱 10주기가 된 2011년 동일본 대지진에서도 그들의 활약이 있었습니다. 1995년에도, 2011년에도 우리는 아무런 명령도 없이, 아무런 인연도 관련도 없는 타인을 돕겠다며 달려온 수많은 자원봉사자를 목격

한신·아와지(阪神·淡路) 대지진 19
95년 1월 17일에 효고(兵庫)현 남부에서 일어난 지진. 최대 진도 7, 사망자 6,434명, 부상자 4만 3,792명.
주거, 도로, 철도, 사회 기반 시설 등이 막대한 손상을 입었다.

*〈마지막 강의〉는 2021년에 이루어짐.

했습니다. '일본에는 자원봉사가 정착할 수 없다'라고 그때까지 믿었던 대다수의 시민들은 그렇게 많은 자원봉사자가 나타난 것을 보고 깜짝 놀랐습니다.

그전부터 '일본에도 **NPO법**이 필요하다'라는 주장이 있었습니다. NPO(비영리 조직, Non Profit Organization)가 미국에서 생긴 개념인 만큼 '미국의 자원봉사 문화나 기부 문화가 부럽다'라고만 생각하는 사람이 많았고 '일본도 그러면 좋겠지만 일본에서 NPO를 만들려면 몇 년은 기다려야 한다'라며 막막함을 호소하는 사람도 많았습니다. 그러나 대지진 현장에 등장한 자원봉사자들이 이들의 등을 떠밀어준 덕분에 2년 후인 1997년, 일본에도 NPO법이 생겼습니다. 이때 도움을 많이 준 정치가가 쓰지모토 기요미(辻元清美)* 씨입니다.

NPO는 자조도 공조(公助)도 받지 못하는 사람들을 시민의 힘으로 돕는 '공조(共助)' 조직입니다. 공조(公助)에만 기댈 수 없는 상황이니 이런 공조(共助)가 꼭 필요하죠. 사실 스가 요시히데(菅義偉) 전 총리가 2020년 정권 수립 당시 국회 소신 표명 연설에서 '자조'를 강조한 것을 듣고 기겁한 사람이 많았을 거예요. 코로나 사태로 자조의 한계에 도달한 국민에게 '자조'를 요구하다니 한 나라의 지도자가 비상시에 취할 태도

NPO법 정식 명칭은 「특정 비영리 활동 촉진법」. 1998년 12월에 시행되었다. 특정 비영리 활동을 전개하는 단체에 법인 자격을 부여해 시민이 자원봉사 등의 활동으로 사회에 자유롭게 공헌할 수 있도록 하는 것이 목적이다. 법인을 설립하려면 관할 관청의 인증이 필요하다.

*
일본 사회민주당 출신의 현 민주당 정치인. 하토야마 내각에서 국토교통 부대신, 간 제2차 개조 내각에서 내각총리대신 보좌관 (재해 자원봉사 활동 담당) 역임.

72

는 아니라고 생각해요. 그 말은 '공조(公助)는 당신들을 돕지 않는다' '국가는 국민을 버려두겠다'라는 뜻으로 들렸습니다.

NPO법의 정식 명칭이 처음에 '시민 활동 촉진법'이었다가 성립 시점에 '특정 비영리 활동 추진법'으로 바뀐 것도 화제가 되었습니다. '특정 비영리 활동'이라니, 뭘 가리키는지 알 수 없는 모호한 말 아닌가요? 법안 수립 과정에서 집권 여당 정치가들이 '시민'이라는 말을 싫어해서 명칭이 바뀌었다고 합니다. 그 아저씨들은 '국민' '황민' '신민'만 좋아하나 봅니다.

1997년에는 NPO법뿐만 아니라 요양 보험법도 생겼습니다. 이 법은 이후 3년의 유예 기간을 거쳐서 2000년에 시행되었습니다.

그즈음 NPO법과 요양 보험법 덕분에 요양 분야의 '복지 NPO'가 여기저기 우후죽순처럼 생겨났습니다. 저는 여성이 자신의 돌봄 노동을 어떻게 유상화했는지 연구하던 사람인지라 요양 보험 이행기에 여성들이 어떤 선택을 했는지도 조사했어요. 그래서 그 실상을 잘 알고 있습니다.

사실은 이런 법률이 생기기 전부터 눈앞의 절박한 필요

에 부응해 지역에서 '공조(共助)'를 실천하는 사람들이 있었습니다. **생협**이나 지역에 소속된 여성들이 유상 자원봉사자로 활동하며 서로를 돕고 있었던 거죠.

생협(生協) 「일본 생활 협동조합 연합회」의 약자. 일반 시민의 생활 수준 향상을 위해 구매, 복지, 요양, 공제 사업 등을 전개한다. 생협법(소비 생활 협동조합 법)에 기반한 조직. 공동 구매가 주 사업이지만 생활의 상부상조나 육아 지원 활동도 전개한다.

요양 보험이 시행되자 여성 창업가가 속속 등장했습니다. 사회 사업가(Social Entrepreneur)로 불리는 이들은 이전부터 지역에서 조합 활동을 전개하다가 NPO법 시행으로 법인 자격을 얻었습니다. 또 요양 보험법 시행을 계기로 요양 사업을 시작하여 운영을 안정시켰습니다.

요양 보험이 시행되었을 때 저는 '이제 됐다!' 싶었습니다. 여성의 무상 노동이 이제 적어도 대가가 따르는 유상 노동으로 바뀌었으니까요.

전에는 여성이 집에서 할머니를 돌보면 돈을 벌 수 없고 이웃집 할머니를 돌보면 돈을 벌 수 있었습니다. 모두 한 집씩 옆으로 이동해 일하면 좋겠다는 생각이 들 정도로 아이러니한 상황이었죠. 돌봄이란 대체 가능한 노동이라 제삼자에게 맡기면 보수를 지급하는 게 당연한데도 말입니다. 다행히 이제 '돌봄 노동은 전문성과 자격이 필요하고 정당한 대가가 따르는 일'이라는 생각이 상식이 되었습니다.

예전에는 가족의 요양이 며느리의 몫이었습니다. 며느리의 요양은 대가도, 인정도, 감사도 받지 못하는 요양이었습니다. 당연한 의무라고 생각했으니 감사하다는 말조차 들을 수 없었죠. 제 아버지 역시, 만년에 장남의 아내인 며느리에게 돌봄을 받을 때 '고맙다'라고 인사하신 후, 저에게 푸념을 하시더군요. '며느리에게 고맙다고 말해야 하는 시대가 되었다'라면서요. 그래서 제가 '며느리는 남이고 남에게 무언가 받았으면 고맙다고 인사하는 게 당연하다'라고 말씀드렸습니다.

저는 며느리의 요양처럼 당연하게 여겨져서 회피할 수 없는 노동을 '강제 노동(Forced Labor)'이라고 부릅니다. 외국어 문헌에서 '선택할 수 없는 요양은 강제 노동이다'라는 구절을 발견하자마자 이 용어를 채택했습니다. '강제 노동'은 강제 수용소뿐만 아니라 가족 사이에도 존재한다고 강조하고 싶어요. 심지어 지역 관청은 그런 며느리들을 '효부 표창'으로 독려해 왔습니다. 히구치 게이코 씨도 이런 행태에 분노했습니다. 요양에 이런 부정적 역사가 있다는 사실을 잊으면 안 되겠어요.

요양 보험 시행으로 드디어 돌봄이 사회화되기 시작했습니다. 타인의 돌봄은 대가를 치러야 하는 노동입니다. 다행히 이제 타인이 아닌 가족의 돌봄이라도 그 노동의 가치가 똑같다는 생각이 상식이 되어가는 것 같네요.

돌봄이란 무엇이고 누구의 책임일까? — 「연구 대상」으로 「요양」을 선택하다

제3장

돌봄이 무엇인지 정의하려면 돌봄에 반드시 '돌보는 사람'과 '돌봄 받는 사람', 두 당사자가 있다는 걸 알아야 합니다. 이것을 영어로 'It takes two to make it happen'이라고 합니다.

저는 돌봄을 종종 섹스에 비유합니다. 섹스도 복수의 당사자가 없으면 성립되지 않습니다. 돌봄과 섹스는 복수의 당사자 사이에서 일어나는 상호 행위이고 어느 한쪽의 특성이나 행동에만 좌우되는 행위가 아니니까요.

그렇다면 좋은 돌봄이란 어떤 형태일까요? 돌봄의 질을 어떻게 측정할 수 있을까요?

복수의 당사자 중 한쪽만 만족하는 돌봄은 '좋은 돌봄'이 아닙니다. 그런 돌봄은 '미소는 무료입니다'라고 홍보하는 맥도날드 서비스와 같습니다. 고객이 아무리 폭언을 쏟아내도 방긋방긋 웃으며 대꾸해야 하는 맥도날드의 서비스 말입니다. 복수의 당사자 중 한쪽만 만족하는 돌봄은 '좋은 돌봄'이라고 할 수 없지요. 그런데도 이런 **감정 노동**을 강요하는 사람이 너무 많습니다.

한쪽만 만족하는 섹스를 '독선'이라고 하더군요. 이런 섹스를 '질 좋은 섹스'라고 말하는 사람은 없습니다. 마찬가지로 복수의 당사자 사이에서 일어나는 행위인 돌봄도 쌍방

감정 노동 「두뇌 노동」, 「육체 노동」 외 또 하나의 노동 형태로 미국의 사회학자 A. R. 혹쉴드(Arlie Russell Hochschild)가 처음 언급했다. 항상 긴장한 채 감정을 억제하고 통제하며 상대의 기분에 맞춰 말하고 행동해야 하는 일(접객, 간호, 요양, 교사, 보육 등)을 가리킨다.

이 만족하지 못하면 '질 좋은 돌봄'이 되지 않습니다.

'돌보는 사람이 행복해야 돌봄 받는 사람도 행복하다'라고 말할 수 있어요. 왜냐하면 돌보는 사람의 불행이 약자에게 반드시 옮겨가기 때문입니다. 그러므로 돌보는 사람도 반드시 행복해야 합니다.

저는 요양 보험이 시행된 2000년에 절호의 기회가 왔다고 판단하고 요양에 관해 연구하기 시작했습니다. 제가 나이를 먹었을 뿐만 아니라 요양 보험 시행이라는 미증유의 사회 변혁을 정통으로 경험하고 있었기 때문입니다.

그런데 요양을 연구하는 동안 제가 풀어야 하는 문제가 전과 똑같다는 사실을 깨달았습니다. '여성이 집에서 했던 노동의 가치는 왜 이렇게 낮은 걸까?' '같은 일을 집 밖에서 했을 때 낮은 평가밖에 받지 못하는 건 무엇 때문일까?' '돌봄이 사회에 필수적인 노동이라면 그것을 누가 어떻게 부담하는 게 공평할까?'라는 문제였습니다. 한마디로 저는 '재생산 부담의 공정한 분배'라는 의문에 변함없이 도전해 왔던 셈입니다.

여성 지위를 국제적으로 비교해 볼까요? 외국과 비교해 보면 일본 여성의 지위가 왜 이렇게 낮은지 이유를 알 수 있어요.

동서 냉전이 끝난 1990년대 초, 세계화가 시작되었습니다. 세계화란 '정보, 돈, 물자, 사람의 국제 이동이 증가하고 그에 따라 국내외 질서가 재편성되는 과정'을 말합니다. 이 세계화에는 선악이 없습니다. 좋든 싫든 거스를 수 없는 흐름일 뿐입니다.

정보, 돈, 물자, 사람 중 유통 속도가 가장 빠른 것은 정보입니다. 그다음이 돈과 물자이고 가장 천천히 움직이는 것이 사람입니다. 하지만 이제 사람들의 이동도 활발해졌습니다. 코로나 사태로 이동을 제한했음에도 바이러스의 전파를 막지 못했을 정도니까요. 코로나 감염 확대는 세계화와 밀접한 관련이 있습니다.

세계화란 사람의 움직임이 활발해지는 현상을 말합니다. 이 물결에 세계가 뒤덮였으니 모든 사회가 그 변화에 하루빨리 적응해야 했습니다. 일본도 예외가 아니었어요. 그 와중에 세계 각국이 한결같이 주목한 과제가 '여성 인력 활성화'였습니다.

동서 냉전 제2차 세계 대전 후에 시작된 세계적 세력 대립. 미국 중심의 자유주의 국가(서쪽)와 소련 중심의 사회주의 국가(동쪽)가 1989년까지 대립했다.

일본에서는 **신자유주의** 정치가들이 여성 인력 활성화를 위한 개혁을 추진했습니다. 그래서 '여성 활약 촉진'이라든가 '202030' 등 입에 발린 구호를 외쳐댔습니다. 이들 신자유주의 정치가와 보수파 정치가를 혼동하는 사람도 있겠지만 둘 사이에는 결정적인 차이가 있습니다. 보수 정치가와 달리 신자유주의 정치가는 '여자여, 가정으로 돌아가라'라고 절대 말하지 않는다는 거죠. '여성도 일하면 좋겠다' '아이도 낳으면 좋겠다' '다만 내가 편한 방향으로 움직였으면 좋겠다'라는 것이 그들의 속내입니다.

그러나 여성 인력을 활성화하고 싶다면 여성을 가정에 붙들어 매는 무거운 짐부터 내려놓게 해야 해요. 다시 말해 '이 집의 아이, 노인은 나 말고는 돌볼 사람이 없다'라는 돌봄 부담(Care Burden)을 제삼자에게 넘겨야 해요. 이것을 '돌봄의 아웃소싱'이라 합니다.

돌봄을 아웃소싱하는 데에는 몇 가지 선택지가 있습니다. 첫째는 '시장화' 즉 여성이 밖에서 번 돈으로 시장의 돌봄 서비스를 구매하는 것입니다. 둘째는 '공공화' 즉 국가나 지자체가 책임지고 운영하는 어린이집이나 고령자 시설에 아이와 노인을 맡기는 것입니다. 이 첫째와 둘째 선택지는 '돌봄

신자유주의(Neoliberalism) 자유 경쟁을 중시하여 시장의 경제 활동에 정부가 최소한으로 개입해야 한다고 주장하는 사상. 작은 정부, 민영화, 규제 완화 등을 지향한다.

202030 일본 정부가 2003년에 수립한 「남녀 공동 참여 정책」. 「2020년까지 모든 분야의 여성 지도자의 비율을 30%로 높인다」라는 목표를 수립했으나 달성에 실패했다. 「2020년대가 끝나기 전에 되도록 빨리 달성한다」로 목표를 수정했다.

의 탈가족화'에 해당합니다.

　　마지막은 여성과 남성, 남편과 아내가 돌봄 노동을 절반씩 부담하는 것입니다. 사적인 해결책이라고 할 수 있죠. 그러나 유감스럽게도 이 '평등주의 가족(Equalitarian Family)'이라는 해결책은 실현 가능성이 가장 낮습니다. 남녀 임금 격차가 유지되는 한, 벌이가 더 좋은 남편은 '내가 일을 줄여서 가사와 육아를 함께하겠다'라고 절대 말하지 않을 테니까요. 대신 '내가 번 돈으로 육아 도우미를 고용하자' '가사 대행 서비스를 이용하자'라고 말할 거예요. 남성의 기회비용이 여성의 기회비용보다 압도적으로 커서 시장의 돌봄 서비스를 이용하는 것이 경제적으로 합리적이기 때문입니다. 이것은 사적 해결책의 일종인 '시장화'에 해당한다고 봐야 합니다.

앞에서 설명한 내용을 [도표6]에 정리했습니다. 돌봄은 '민간화된 돌봄'과 '공공화된 돌봄' 즉 '탈민간화된 돌봄'으로 구분할 수 있습니다.

'민간화'는 다시 '가족화'와 '시장화'로 나눌 수 있죠. 민간화의 하위 개념인 '시장화'는 직접 번 돈으로 시장에서 서비스를 구매하는 방식, 즉 돌봄 부담을 사적으로 해결하는 선택지입니다.

'공공화'도 '가족화'와 '탈가족화'로 나뉩니다. '가족화'란 가정에 돌봄의 책임을 맡기면서 국가가 세금을 그만큼 깎아주거나 연금을 지급하는 등으로 보상하는 방식입니다. 다시 말해 가정 내 돌봄 노동자에게 국가가 임금을 지급하는(대개 저임금이지만) 것이죠. 일본 국민연금 제3호의 피보험자 제도도 이 방식을 상정하고 있습니다. 참고로 이 선택지에서는 여성이 돌봄 노동자로 고착되는 경향이 있습니다.

'공공화'의 또 다른 선택지는 공적 기관이 책임을 지고 돌봄 서비스를 직접 제공하는 것입니다. 아이를 공공 어린이집에 맡기거나 요양 보험 서비스를 이용하는 방식이 이에 해당합니다.

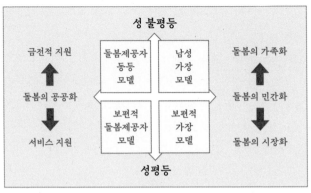

[도표6] '돌봄의 공공화와 민간화'

일본은 다양한 선택지 중에서 무엇을 채택했을까요?

여성 인력 활성화를 추진한 나라들은 여성을 가정 밖으로 끌어내기 위해 최근 30년 동안 돌봄의 아웃소싱을 추진했습니다. 제시한 도표를 보면 남녀평등을 상대적으로 잘 달성한 나라와 그렇지 않은 나라의 차이를 한눈에 파악할 수 있죠.

첫 번째는 부부가 함께 일하면서 가계를 지탱하고 나라가 돌봄을 맡는 모델입니다. 북유럽 국가들이 이 '돌봄의 공공화 모델'을 채택했어요.

두 번째는 부부가 함께 일하고 돌봄 서비스를 시장에서 구매하는 모델입니다. 미국, 영국 등 앵글로·색슨 국가들이 이 '돌봄의 시장화 모델'을 주로 채택했지만 아시아에도 이 모델을 채택한 나라가 있습니다. 싱가포르와 홍콩입니다. 이 두 나라의 고소득 전문직 여성에게는 일·가정 양립 문제가 거의 발생하지 않습니다. **육아 도우미**와 가사 도우미가 있기 때문이죠.

세 번째는 돌봄의 가족화에서 여전히 벗어나지 못해, 돌봄이 '가정의 책임'으로 남아 있는 모델입니다. 이때 '가정의 책임'은 오로지 여성이 담당하게 됩니다. 이것을 '남성 가장 모델'(Male Breadwinner Model)이라 합니다. 일본은 이 모델을 고수하고 있어요. 유럽의 이탈리아, 그리스, 스페인 등 남유럽 국가들과 한국도 이와 마찬가지입니다.

앞서 말했듯 '누가 돌봄을 담당하느냐?'라는 질문은 재생산 비용 분배 방식에 관한 질문입니다. 그런데 재생산 비용이 잘 분배되고 있는지 어떻게 판단할 수 있을까요? 그 판단 기준이 바로 출생률입니다.

각 나라의 합계 출생률(한 여성이 평생 낳는 아이 수)을 비교하면 흥미로운 사실이 드러납니다. '맞벌이 + 돌봄의 공공

육아 도우미 어머니를 대신하여 아이를 돌보거나 아이의 훈육, 교육, 정서적 돌봄까지 담당하는 영유아 교육 전문직. 영국에서는 국가 자격을 발급한다. 일부 국가에서는 갈은 집에서 살며 일하기도 한다.

화 모델'을 채택한 나라의 출생률이 가장 높고 '맞벌이 + 돌봄의 시장화 모델'을 채택한 나라가 그 다음이고 '남성 가장 모델'을 채택한 나라의 출생률이 가장 낮게 나타납니다.

노동과 돌봄의 분배와 그 결과

Ⓐ   부부 맞벌이 + 돌봄의 공공화 : 북유럽 모델

Ⓑ   부부 맞벌이 + 돌봄의 시장화 : 싱가포르, 홍콩 모델

Ⓒ   남성 외벌이 + 돌봄의 가족화 : 일본, 한국 모델

출생률 = Ⓐ > Ⓑ > Ⓒ

선진국은 출생률이 대체로 떨어지는 추세지만 그중에서도 상대적으로 높은 나라, 보통인 나라, 낮은 나라가 있습니다. 이탈리아, 독일, 일본이 낮은 나라에 해당합니다. 제2차 세계 대전 때 **삼국 동맹**이었던 이 나라들은 모두 '남자다움'을 강조하는 문화가 강합니다. 이런 사회에서는 아이가 적게 태어난다는 사실을 데이터로 확인할 수가 있습니다.

아시아는 어떨까요? 아시아권은 전반적으로 출생률이

삼국 동맹 제2차 세계 대전에서 일본, 독일, 이탈리아 등이 맺은 동맹. 미국, 영국, 소련, 중국 등 연합국과 맞섰지만 패배했다.

낮아요. 싱가포르나 홍콩의 고소득 전문직 여성이 일·가정 양립 문제로 고민하지 않는다고 하지만 이런 여성 자체가 많지 않아서 출생률은 낮습니다. 그리고 일본만큼이나 출생률이 극단적으로 낮은 나라가 한국입니다. 한국은 사회 구조가 일본과 비슷하고 남녀 임금 격차가 일본보다 큽니다. 마지막으로 중국은 산아 제한 정책으로 출생률을 정치적으로 통제했기에 비교하기가 어렵지만, 최근에 정부가 정책을 바꿔 세 명까지 허용했는데도 출생률은 오르지 않고 있어요.

아시아 국가들은 앞으로 어떻게 될까요?

인구의 변화는 재생산에 적합한 연령대의 남녀가 개인적으로 선택한 행위가 집적되어서 나타나는 사회 현상입니다. 가장 예측하기 쉬우면서도 이유를 설명할 수 없는 현상이죠.

출생률은 아이를 낳아서 키울 만한 연령대의 남녀가 그 나라의 장래를 얼마나 희망차게 보는지 드러내는 지표일지도 모르겠습니다. 그렇다면 출생률이 낮은 '남성 가장형' 사회는 젊은 남녀가 희망을 품기 어려운 사회라고 봐야 할 것 같네요.

이미 말했듯 생산 노동과 재생산 노동, 다시 말해 지불 노동과 부불 노동의 비용을 배분하는 방식은 다양합니다. 하지만 그 선택지가 무한하지는 않아요. 몇 가지로 제한돼 있죠.

첫째 선택지인 '돌봄의 공공화'를 채택한 사회는 대개 우리가 **복지 선진국**으로 부르는 사회입니다. 이상에 가까운 모델이지만 이런 사회는 국민 부담률이 높아요. 국민 소득의 50% 이상이 세금과 보험료 등으로 징수됩니다.

이와 관련해 복지 저널리스트 '**오쿠마 유키코**' 씨가 '국민 부담률'의 '부담'은 어감이 부정적이라며 용어를 '국민 연대율'로 바꾸자고 제안하기도 했죠.

일본 역시 그 정도의 부담에 국민이 동의한다면 복지 선진국 못지않은 복지 사회를 만들 수 있을 것입니다. 그러나 일본은 조세 저항이 강한 나라예요. 소비세 인상조차 쉽지 않습니다. 그 이유가 무엇일까요? 여론 조사에 따르면 일본 국민의 60% 이상이 '생활의 안정을 위해 지금보다 세금 부담을 늘려도 괜찮지만 그 돈을 정부에 맡기고 싶지 않다'라고 생각하고 있어요. 정부를 불신해서 조세 저항이 강한 것이죠.

그러면 두 번째 선택지인 '돌봄의 시장화' 즉 본인이 번 돈으로 시장에서 돌봄 서비스를 구매하는 방식은 어떨까요?

복지 선진국 덴마크, 스웨덴, 핀란드 등 사회 보장 제도가 잘 갖춰진 나라. 의료, 교육 서비스가 무료인 데다 고령자 공공 돌봄 서비스도 잘 발달해 있다. 다만 국민 부담률이 높아 서 스웨덴, 덴마크의 국민은 약 25%의 소비세와 약 50%의 소득세를 부담해야 한다.

오쿠마 유키코(大熊由紀子) 1940년~. 과학 저널리스트. 전 아사히 신문 논설위원, 현 국제 의료 복지대학 대학원 교수. 전문은 의료 복지 저널리즘. 저서는 『누워 지내는 노인이 있는 나라, 없는 나라―진짜 풍요의 도전(《寝たきり老人》のいる国いない国―真の豊かさへの挑戦)』 외 다수.

*
한국판:
『노인복지 혁명』, 예영 커뮤니케이션, 1998

이 방식을 채택하려면 시장에서 가사 서비스, 요양 서비스를 구매하는 비용보다 여성이 밖에서 버는 돈이 더 많아야 해요. 다시 말해 가사 서비스를 저렴한 가격에 제공해 줄 저임금 노동자가 있어야만 해요. 그러므로 이 모델은 돈을 많이 버는 여성과 그렇지 않은 여성 사이의 격차가 큰 사회만 채택할 수 있어요. 실제로 이 모델을 선택한 나라에는 이민 노동자나 농촌 여성이라는 저임금 노동자가 있었습니다.

일본도 이 모델을 도입하려는 듯 출입국관리법을 개정하겠다고 합니다. 지금까지 일본인으로 충당할 수 없는 고도 기술을 보유한 인재에게만 발행하던 취업 비자를 앞으로는 육아 노동자, 요양 노동자 같은 비숙련 노동자에게도 발행한다고 하는군요. 하지만 그 규모가 턱없이 작기만 합니다.

일본의 관련 기관은 상황을 지켜보며 외국인 정책을 결정하려는 듯합니다. 앞으로 일본도 이민 국가가 될까요? 그렇다면 여러분은 아이를 도우미에게 맡기고 일하러 나갈 수 있을까요? 일본 여성도 선택의 기로에 서게 되겠군요.

그 외에 할머니에게 의존하는 '아시아형 해결책'도 있지만 이제는 세대 분리로 이 방법도 점점 활용하기 어렵게 되었습니다.

다른 나라들과 비교해 본 결과, 일본은 현재 '돌봄의 공공화'도 '돌봄의 시장화'도 채택할 수 없는 상황입니다. 그래서 돌봄 부담이 여성에게 전부 쏠린 끝에 여성이 노동 시장의 제일 아래에 놓이게 된 것이죠.

노동 돌봄의 배분 방식과 그 실현 조건

☞ **돌봄의 공공화** = 높은 국민 부담률

☞ **돌봄의 시장화** = 저렴한 이민 노동력의 존재

☞ **아시아형 해결** = 할머니에게 의존

　　→ 현재 일본에는 어떤 선택지도 없다!

☞ **여성에게 부담 집중**

　　→ 성별이 인종, 계급의 기능적 등가물로 작용

외국인이 '일본은 여성의 지위가 왜 이렇게 낮은 건가요?'라고 질문할 때 아래와 같이 설명하면 금세 알아들을 거예요.

> "일본에서는 성별이 인종, 계급의 **기능적 등가물**로 작용하기 때문입니다."

기능적 등가물 같은 기능을 담당하는 사물 또는 특징.

이 구조가 달라지지 않는 한 일본의 여성이 남성과 대등하게 일하는 날은 오지 않을 것입니다. 누가 돌봄을 담당하느냐 하는 문제는 그만큼 중요한 것이지요.

『Who cares?(누가 돌봄을 담당하는가?)』라는 책이 있습니다. 'Who cares?'란 '그게 무슨 문제야?' 즉 '문제가 없다'라는 뜻이기도 한데, 실제로 돌봄에 관한 문제는 지금까지 없는 듯 무시당해 왔어요. 그러나 '돌봄은 무료가 아니다' '아이를 낳고 키우는 일은 실제로 무척 힘들다' '이 문제를 해결하지 않으면 여자들이 아이를 낳지 않을 것이다'라고 인정하는 사람이 점점 늘고 있습니다.

돌봄의 '가시화'가 진행된 것은 코로나 사태 덕분이기도 합니다. 감염 확대로 전국의 학교가 문을 닫고, 아이들이 집에 있게 되자 누군가가 집에서 아이를 돌볼 수밖에 없어진 거죠. 요즘은 맞벌이 가정이 대부분이지만 그 당시 일을 쉬고 집에서 아이를 돌보기로 한 사람은 거의 여성이었습니다. 그런데 일을 쉬면 그만큼 가계 수입이 줄어든다는 이유로 나라에서 **휴업 보상금**을 지급했어요. 즉 코로나 사태 덕분에 집에서 누군가를 돌보는 일에 대가가 치러지게 된 거죠. '돌봄의 가시화'가 일어난 것입니다.

사회학자인 오치아이 에미코 씨도 이와 관련하여 〈신형 코로나 바이러스와 젠더〉라는 에세이를 **WAN** 사이트에 게재했습

『Who cares?』 미국 페미니즘 정치학자 조앤 C. 트론토(Joan C. Tronto)의 강연록을 오카노 야요(岡野八代) 씨가 번역하고 해설하여 엮은 책. 일본판 제목은 『돌보는 사람은 누구일까? 새로운 민주주의의 형태로(ケアするのは誰か?: 新しい民主主義のかたち〈ケ〉)』. 2020년 간행.

휴업 보상금 신형 코로나 바이러스 감염 또는 전파 방지 때문에 휴업한 노동자 층 사업주에게서 휴업 수당을 받지 못한 사람에게 국가가 지급한 지원금.

니다. 그 부제는 '집에 있다고 노는 게 아니다 – 가족과 친지가 짊어졌던 돌봄의 가시화와 지원'이었습니다. 이처럼 코로나 덕분에 돌봄 문제가 점점 '가시화' 되었습니다.

코로나 사태가 일으킨 긍정적인 변화는 또 있습니다. 사람들이 출퇴근에 관해 다시 생각하게 된 것입니다. 출퇴근은 직장과 주거가 분리되어 있을 때만 발생합니다. 직장과 주거가 일치하면 출퇴근이 없어집니다. 그런데 코로나로 재택근무를 경험한 사람들은 집에서도 얼마든지 일할 수 있다는 사실을 깨달았습니다. 그래서 코로나 상황이 끝난 후에도 계속 유지하고 싶은 것이 무엇인지 조사를 하면 '출퇴근이 없는 재택근무', '원격 근무'가 늘 상위로 꼽히는 것이죠.

재택근무가 늘어나자 가정 내 부부 관계도 변했습니다.

이전에는 남편이 생산을 전담하고 아내가 재생산을 전담했습니다. 앞서 말했듯 이런 체제를 '샐러리맨과 전업주부 체제'라고 합니다(66쪽 참조). 제2차 세계 대전 이후 일본에 정착했으므로 '가족의 전후 체제'라고도 하죠. 역사가 반세기도 되지 않은 체제입니다.

그런데 요즘 그 체제가 변하고 있어요. '포스트 근대'를 맞아 남자와 여자가 생산자인 동시에 재생산자로 기능하는

WAN 공인 NPO 법인 위민스 액션 네트워크(Women's Action Network)의 약자. 남녀 공동 참여 사회의 실현을 위해 여성들에게 정보 교류 및 활동의 장을 제공하고 여성 조직 구축과 여성 자율권 확대를 위한 사업을 전개한다. 일본 WAN 이사장은 이 책 저자인 우에노 지즈코 씨.

시대가 다가오고 있는 거죠.

코로나 때 분통 터지는 일도 있었습니다.

의료 현장과 요양 현장에서 일손이 부족하다고 호소하자 정부가 '의료 현장의 인력은 퇴직한 간호사나 보건사*, 간호사 자격이 있는 대학원생으로 보강하라'라는 지침을 내렸어요. 그런데 요양 현장에는 다른 지침이 내려와요. 요양 인력이 모자라면 '무자격자를 써도 된다'라고 한 것이죠. 의료 현장에는 자격 있는 사람을 쓰라고 하고 요양 현장에는 무자격자를 써도 된다고 하다니, 이해가 되지 않았습니다.

정치가들은 요양 보험이 생긴 지 20년이나 됐는데도 '요양은 여자라면 누구나 할 수 있는 미숙련 노동이다'라고 생각한 모양이에요. 제도 설계자나 정책 결정자에게 '당신이 한번 해보라'라고 항의하고 싶었습니다. '요양 보험의 역사가 이렇게 오래되었는데도, 돌봄 노동에 관한 생각이 전혀 바뀌지 않았구나' 싶어서 가슴이 답답했습니다.

돌봄의 가격은 왜 이렇게 저렴한 걸까요? 가정 밖에서 요양 노동자가 받는 임금도 정당한 대가라고 생각할 수 없을

---

*
일본 보건사·조산사·간호사법에 따라
후생 노동청의 면허를 받아 국민 보건
지도에 종사하는 사람. 대학이나
보건사 양성학교에서 교육받고
간호사 국가시험과 보건사 국가시험에
모두 합격해야 자격을 획득할 수 있다.

만큼 적어요. 그 금액이 어떻게 정해졌을지 곰곰이 생각해 보았지만 떠오르는 답은 하나뿐이었습니다.

돌봄은 그동안 여자가 집에서 공짜로 해온 일이기 때문이에요. 다들 그런 일에 돈을 많이 낼 이유가 없다고 생각하는 것이지요.

약자가 약자인 채로, 존중받는 사회를 만들려는 이론, 페미니즘

제4장

우리는 누구나 무력하고 의존적인 존재로 태어났다가 다시 무력하고 의존적인 존재가 되어 죽습니다. 노화란 모든 사람이 후천적 장애인이 되는 과정이죠. 나이를 먹으면 몸이 내 마음대로 안 될 뿐만 아니라 머리도 마음도 자유롭지 못합니다. 이런 후천적 장애가 일부 또는 전부 조합되어 나타나는 현상이 바로 노화입니다.

향후 일본의 인구가 감소하는 가운데, 고령자의 비중은 더 늘어날 것입니다. 우리는 언젠가 다 함께 약자가 되어 서로 의지하며 내리막길을 내려가야 하는 거죠.

한편 여성들이 맡았던 돌봄이란 어떤 일이었을까요?

돌보는 사람과 돌봄 받는 사람은 압도적으로 비대칭적인 관계를 이루며 상호 작용을 합니다. 돌보는 사람과 돌봄 받는 사람의 위치가 바뀌는 일은 거의 없습니다. 그러나 여성들은 이렇게 압도적으로 비대칭적인 관계하에서도 돌봄을 통해 권력 남용을 억제해 왔습니다.

남용을 영어로 'Abuse'라 합니다. 'ab-use'는 비정상적 사용을 뜻하죠. '권력 남용'이란 권력을 비정상적으로 사용하는 것을 뜻합니다. '희롱' '괴롭힘'으로 번역되는 'Harassment' 도 본질적으로 권력 남용에서 비롯됩니다.

권력이 없는 조직은 없습니다. 권력이란 지위별로 주어진 업무를 수행하는 데 필요한 **권한**이기 때문입니다. 그런데 그 권력을 직무 수행 이외의 목적으로 남용하는 사람이 있습니다. 그때 '희롱' 또는 '괴롭힘'이 발생합니다. 권력을 성적으로 남용하면 '성희롱'이 되고 부하에게 개인적인 심부름을 시키는 등 지나치게 사용하면 '권력형 괴롭힘'이 됩니다. 그래서 'Abuse'를 아예 '괴롭힘'이나 '학대'로 번역하기도 하는 거죠.

그런데 권력 남용은 상사와 부하, 교사와 학생, 남성과 여성 사이에서만 일어나는 것이 아닙니다. 부모와 자녀 사이에도 권력 남용이 일어나죠. 부모가 힘이 없는 아이의 생살여탈권을 쥐고 있기 때문입니다.

아이를 키우다 보면 울음을 그치지 않는 아이가 악마처럼 느껴져 베란다 밖으로 던져버리고 싶은 충동을 한 번쯤은 느껴 봤을 것입니다. 실제로 산후우울증으로 인해, 침대에 자기 아이를 던져 죽게 한 죄로 재판받고 있는 여성도 있습니다. 그러니 아이를 다 키우셨다면 '다행이다, 가까스로 아이를 죽이지 않았어'라고 뿌듯해하셔도 됩니다.

권한 어떤 일에 대해 권리를 주장하고 행사할 수 있는 능력. 직권.

그러므로 돌봄은 '권력 남용을 억제하는 장기적 과정'이 아닐까요? 권력 남용은 가해자에게 쾌감을 줍니다. **권력 의식**은 더없이 달콤하기 때문이죠. 한편 돌봄은 그 유혹에 장기적으로 저항하는 과정이라 할 수 있어요.

돌봄을 '비폭력을 배우는 일'로 정의한다면 어떨까요? 그렇다면 '비폭력은 학습된다'라고 말할 수 있어요. 반대로 폭력도 학습됩니다. 10대 소년들이 음침한 폭력 사건을 일으키는 것도 어릴 때부터 지속적으로 폭력을 학습했기 때문일 거예요. DNA나 호르몬이 사람을 폭력적으로 만드는 게 아닙니다.

폭력과 비폭력이 학습되는 것이라면 남성들도 비폭력을 배울 필요가 있지 않을까요. 그리고 이런 돌봄의 경험으로 남성을 초대하여 비폭력을 배우게 하는 것이 여성의 역할이라고 생각합니다.

권력 의식(Sense of Power) 자신에게 영향력이 있다고 느끼는 것.

2019년에 제가 도쿄 대학 입학식에서 했던 축사가 화제가 되었습니다. 그중에서도 많이 인용된 문장을 여기에 소개해 볼게요.

'여러분이 가진 좋은 환경과 능력으로 못 가진 사람들을 핍박하지 말고 도와야 합니다.'

듣자마자 '아, **노블레스 오블리주**를 말하는구나'라고 단편적으로 이해하는 사람도 있겠지만 제 의도는 그게 아니었습니다. 제 진의는 바로 뒤에 이어진 말에 담겨 있습니다.

'강한 척하지 말고 자신의 약함을 인정하며 서로 의지하고 살아가기를 바랍니다.'

두 문장을 한꺼번에 인용해 주는 곳이 별로 없어서 안타까웠습니다.

저는 왜 이런 말을 했을까요? 어떤 강자라도 영원히 강자일 수 없기 때문입니다. 어떤 강자든 처음에는 약자였고 언젠가 다시 약자가 되고 말 것입니다.

노블레스 오블리주(Noblesse Oblige) 프랑스어로 「노블레스」는 「귀족」, 「오블리주」는 「의무가 있다」는 뜻. "사회적 지위가 높은 사람은 그만한 사회적 책임과 의무를 다해야 한다"라는 서구 사회의 도덕관.

그렇다면 우리가 바라는 사회는 어떤 사회일까요?

약자가 되었을 때 도움을 구할 수 있는 사회, 도움을 구했을 때 도움을 받을 수 있는 사회입니다.

축사에서 저는 이런 말도 했습니다.

'약자가 약자인 채로 존중받는 사회를 만들려고 하는 사상이 페미니즘입니다.'

이 말을 듣고 '페미니즘을 이렇게 정의하는 사람은 처음 봤다'라고 반응하는 사람이 많았어요. 특히 남성들은 자신들의 척도에 따라 페미니즘을 이해하고 있었을 가능성이 커요. '남녀평등? 여자도 남자처럼 되고 싶다는 거구나. 그러면 여성성을 버리고 덤벼라!'라는 식으로 말이죠.

이런 '남녀평등'의 이해 위에 성립된 법률이 **남녀 고용기회 균등법**입니다. 이 법률이 제정되었을 당시 영어 연설로 '이 법은 테일러메이드다'라고 탁월하게 지적했던 연구자가 있었습니다. **오자와 마리** 씨입니다. '테일러메이드'란 '신사복 제작'을 뜻합니다. 그의 말대로, 균등법은 자기 몸에 맞지 않

남녀 고용 기회 균등법 정식 명칭은 '고용 분야의 남녀 균등 기회 및 대우 확보 등에 관한 법률'. 1986년에 시행된 후 여러 번 개정되었다. 모집, 채용, 배치, 승진 등 고용과 관리 분야의 성차별을 금지하고 혼인, 임신, 출산 등으로 인한 불이익을 금지한다.

오자와 마리(大沢真理) 1953년~. 경제학자. 도쿄대학 명예 교수. 전문은 사회 정책의 젠더 비교 분석. 과로사와 복지 빈곤 등 대기업 중심 사회가 만들어 낸 고통과 왜곡을 성평등 관점에서 재조명한 연구적 도서 『기업 중심 사회를 넘어—현대 일본을 「젠더」로 읽다(企業中心社会を越えて―現代日本を「ジェンダー」で読む)』 등을 집필했다.

103

는 신사복을 억지로 입고 다닐 수 있는 여자만 직장에서 살아남게 하는 법률이었죠.

여자는 남자처럼 되고 싶은 게 아닙니다. 남자처럼 되는 것은 강자, 지배자, 억압자, 차별자가 되는 일이죠. 여자는 그것을 원하지 않습니다. 게다가 남자도 과거에는 약자였고 언젠가는 약자가 될 것입니다.

페미니즘은 약자를 강자로 만들겠다는 사상이 아닙니다. 약자가 되어도 안심하고 살 수 있는 사회를 만들려는 사상입니다.

우리가 앞으로 만들려는 사회는 안심하고 약자가 될 수 있는 사회, 요양이 필요한 사람도 안심하고 살 수 있는 사회입니다. **노쇠** 기간을 최소화하겠다며 열심히 운동하는 사람이 많지만, '나 혼자 건강하게 살겠다'라고 애쓰기보다 모두 안심하고 살 수 있는 사회를 만드는 게 낫지 않을까요?

같은 이유로 저는 '치매 예방'이라는 말을 정말 싫어합니다. 우리는 아직 치매의 원인도 예방법도 치료법도 모릅니다. 치매는 병이라기보다 노화에 따른 불가피한 현상이라고 말하는 게 정확할지도 모릅니다. 그런데도 치매를 예방할 수 있다고 말하는 것은 치매가 있는 사람에게 '당신이 예방하지 않아서 치매가 생긴 것이다'라고 말하는 것과 같아요. 치매가 생긴 게 혹시 환자 본인의 탓이라고 생각하는 걸까요?

좋아서 치매 환자가 되는 사람은 없습니다. 환자들에게 '본인 책임이다' '예방하지 않은 당신 잘못이다'라며 '자조 노력'을 요구하는 사회만큼 끔찍한 곳도 없을 것입니다.

우리는 치매가 생겨도 안심할 수 있는 사회, 장애인이 되어도 살해당하지 않는 사회를 만들려고 합니다. 쓰쿠이 야마유리(津久井やまゆり)원과 같은 사건(2016년 7월 26일 일본에서 발생한 묻지마 살인이자 증오 범죄. 지적장애인 거주 시설에서 거동이 불편한

노쇠(Frailty) 나이를 먹어 신체 기능이나 인지 기능이 쇠퇴한 상태. 건강한 상태와 일상생활에 도움이 필요한 상태의 중간 단계다.

중증 장애인들을 무차별적으로 공격하여 장애인 19명이 숨지고 26명이 다친 사건. 범인은 경찰 조사에서 '장애인은 없어져야 한다'라고 진술)이 두 번 다시 일어나서는 안 됩니다.

처음 가사 노동 연구자로 시작했을 때부터 돌봄을 연구하고 있는 지금까지 제가 하는 일은 똑같습니다. 그 사실을 이번 기회에 새삼 확인하게 되었어요.

10년 전 도쿄 대학에서 은퇴할 때 제가 진짜로 했던 마지막 강의 제목이 '살아남기 위한 사상'이었습니다. 동일본 대지진 직후여서 연구실에서 주최하는 최종 강의가 무산되었는데 다행히 제자들이 강연회를 특별히 열어주었어요. 저는 그 강연회의 발표 자료 표지에 저의 저서 『살아남기 위한 사상』의 표지를 담았습니다.

　　왜 굳이 '살아남기 위한 사상'이라는 제목을 붙였을까요? 이전의 모든 사상 즉 남자에게 맞춘 사상은 '죽기 위한 사상' '죽음에 의미를 부여하는 사상'이라고 생각했기 때문입니다. 죽음에는 의미가 필요하지만 삶에는 의미가 필요 없다고 생각했던 탓에 살기 위한 사상을 만들지 않았는지도 모릅

『살아남기 위한 사상(生き延びるめの思想)』 「남자 못지않게」를 노리다 막다른 골목에 몰린 자유주의 페미니즘의 사상적 함정을 지적한 책. 약자가 약자인 채로 살아남는 세상을 만들자는 메시지가 담겨 있다. 2006년 초판 간행(이와나미 서점). 2012년 신판 간행(이와나미 현대문고).

니다.

'좋아, 지금까지 남자들이 살기 위한 사상을 못 만들었다면 이제 여자들이 만들어야겠구나'라는 마음으로『살아남기 위한 사상』을 집필했습니다.

책 표지에는 오사카(大阪)에 있는 안도 다다오(安藤忠雄) 씨의 건축 작품인 **'빛의 교회'** 사진을 실었어요.(안도 씨의 허락은 받았습니다.)

안도 씨는 1995년 한신·아와지 대지진 후에 무너진 교회를 재건해 달라는 부탁을 받고 이 건물을 설계했습니다. 처음에는 콘크리트 벽에 십자형으로 구멍을 내 외부 공기가 자유롭게 드나들게 하려 했는데 목사님이 '그건 무리이니 참아 주세요'라고 말려서 유리를 끼웠다고 합니다.

이 건물에 들어서면 그 창문으로 들어온 빛이 어두운 바닥에 십자가 모양을 만듭니다. 간소하면서도 신비롭고 멋진 분위기를 자아내는 건축 작품이에요.

『살아남기 위한 사상』의 표지 담당자에게는 어려운 주문을 했습니다. 이 건물의 이미지를 쓰고 싶긴 한데 십자가가 십자가처럼 보이지 않게 해달라고요. 그 결과 배치를 살짝

빛의 교회(光の教会) 1942년, 오사카부 이바라키(茨城)현에 설립된 일본 기독교단 소속 교회「이바라키가스가오카(春日丘) 교회」의 다른 이름. 1989년에 준공된 현재의 예배당은 건축가 안도 다다오의 대표작으로 예약하고 견학할 수 있다.

틀었고, 언뜻 보면 십자가처럼 보이지 않게 만든 인상적인 디자인이 탄생했습니다.

저는 기독교 가정에서 태어났어요. 일본에서 기독교는 신자가 인구의 1%밖에 안 되는 소수인데 제 아버지는 기독교 개신교인이셨습니다.

하지만 저는 사춘기에 아버지를 등지고 교회를 떠났습니다. 그때 저 자신에게 기도를 금지했지요. 그렇게 사회학자가 되었습니다.

사회학자란 이 세상의 일만 생각하는 세속적 인간입니다. 죽은 후의 일은 신경 쓰지 않고 이생의 일만 생각해요. 저세상이 있든 없든 상관없습니다. 영혼 따위 없는 편이 더 깔끔합니다. 저는 기도를 금지하면서 '이 세상의 일은 이 세상에서 해결하자' '이 세상에서 풀 수 있는 문제는 사람의 힘으로 풀자'라고 결심했습니다. 그 후 이 나이까지 제가 원하는 학문을 연구하고 여기에서 여러분에게 이런 메시지를 전할 수 있어서 정말 기쁩니다.

결국 불교도도 되지 못했지만, 기독교의 신을 버리고 불교로 향했을 때 원시 불전에서 이 구절을 발견했습니다.

'나야말로 내 주인이다. 어찌하여 남을 주인 삼아야 하는가.'

이런 생각을 본격적으로 이야기한 책이 『당사자 주권』입니다. 또, 가장 최근에 출간된 『여자애는 어떻게 살아야 할까?』에도 소녀들이 자신이 주인공인 삶을 살기를 바라는 마음이 담겨 있습니다.

이것으로 제 이야기는 그만 마칠까 합니다. 오랜 시간 함께해 주셔서 정말 감사했습니다.

『당사자 주권(当事者主権)』 당사자 주권이란 「내 일을 내가 정할 권리」. 장애인의 자립 생활을 추진해 온 나카니시 쇼지(中西正司) 씨와 이 책의 필자인 우에노 지즈코 씨가 「당사자 운동」의 실제와 전망에 관해 나눈 대화를 정리한 책. 2003년 간행(이와나미 신서).

『여자애는 어떻게 살아야 할까?』 부제는 「가르쳐 줘요, 우에노 선생님」. 10대 소녀들이 일상에서 품은 막연한 의문에 저자가 답하는 형식으로 쓰인 소녀 생활 지침서. 2021년 1월 간행(이와나미 주니어 신서).

새로운 시대를 위한 세미나 — 수강생 10명과의 대화

제5장

우에노 모두 잘 오셨습니다. 처음 뵙는 분들이네요. 한 분씩 자기소개와 제 강의에 대한 감상을 나눠주세요. 그런 다음에 질문을 이어가 보죠.

사토 사토 스미네(佐藤純美音)라고 합니다. 스무 살, 대학교 2학년으로 경제학부에 재학하고 있습니다. 저는 전업주부가 되고 싶어요. 저 같은 사람의 이야기를 들어 보고 싶다고 하셔서 이 자리에 나오게 되었습니다. 저와 생각이 다른 우에노 선생님의 이야기를 듣고 여러모로 배우고 싶기도 했고요.

강의를 듣고, 일본에서 여성이 홀대당하고 성차별을 받는 것은 지금까지 여성들이 무상으로 가사와 요양을 부담해 왔기 때문이라는 걸 알았어요. 주부가 당연하게 했던 일들이 전혀 당연하지 않았다는 것도 알았고요. 저는 아직 사회 경험도 없고 세상 물정을 잘 모르지만, 제가 당연하게, 자연스럽게 받아들였던 생각이 전부 시대나 역사의 영향을 받은 거였더라고요. 그렇다면 현실에 더 적합한 정책과 사회 구조가 필요하겠다는 생각이 들었어요.

우에노 그리 해명하지 않으셔도 돼요.

니시우라 대학교 이공학부 4학년에 재학 중인 니시우라 유(西浦裕)라고 합니다. 평소 젠더 문제에 별 관심이 없었지만 오늘 우에노 선생님의 이야기를 통해 새로운 가치관을 접하고 싶어 참가했습니다.

원래 '페미니즘은 남녀평등을 추구하는 사상'이라고 생각했기 때문에 마지막에 '페미니즘의 목표는 남녀평등이 아니라 약자가 약자인 채로 존중받을 수 있는 사회를 만드는 것'이라는 정의를 듣고 깜짝 놀랐어요. 아직도 혼란스러워서 앞으로 이야기를 나누며 정리해 보고 싶습니다.

사쿠마 **사쿠마 에리**(佐久間映里)입니다. 서른일곱이고 다섯 살짜리 아들이 있어요. 8년 전에 창업해서 인재들에게 기업을 홍보하는 회사를 경영하고 있습니다. 대학에서 여성학 강의를 듣긴 했지만 전혀 귀를 기울이지 않았어요. 오늘은 도쿄대에서 강의하셨던 우에노 선생님의 이야기를 들어 보고 싶다는 단순한 생각으로 이 자리에 나왔어요.

사실 저도 여성이 무언가 포기하지 않고 일할 수 있는 회사, 활기차게 일할 수 있는 사회를 만들고 싶어서 창업했어요. 그런데 실제로 우리 회사에 찾아온 여성 중에는 인생이 불만스럽거나 불행한 상태에서 '저 회사에 가면 뭔가 달라지지 않을까?'라고 생각했던 사람이 많았어요. '어쩌면 변해야 하는 것은 우리 여성일지도 모른다'라는 생각이 들더군요. 그래서 지금은 '여성이 변하면 사회가 변한다'라는 이념으로 기업을 운영하고 있어요. 오늘 우에노 선생님의 강의를 듣고 무엇이 우리의 무기가 될 수 있고 우리가 지향하는 것은 무엇인지, 제가 왜 창업을 했고 앞으로는 무엇을 해야 할지 새삼 생각하게 되었어요. 직접 이야기를 들을 수 있어서 정말 기뻤습니다.

이시이 **이시이 히데카즈**(石井英春)라고 합니다. 지바(千葉)에서 '이시이 산치 데이케어(宅老所いしいさん家)'를 운영하고 있습니다. 그전에는 요양 노인 보건 시설에서 8년, 그리고 정신과에서 일했죠. 여기에는 요양 산업에 종사하는 사람으로 초대받은 것 같네요. 선생님 강의를 들을 수 있어서 큰 영광이었습니다. 감사합니다.

오늘 역사적 배경까지 설명해 주신 덕분에 제가 하는 일이 틀리지 않았다는 생각이 들었어요. 경제적 이익이나 효율을 중시하는 사회에서는 비효율적인 사람이 버려져요. 하지만 우리는 그런 사람들과 어울려 살아야 한다고 생각해요. 그래서 이시이 산치의 이념을 '서로 허용하고 인정하자'로 정했어요. 직원들에게 귀에 못이 박히도록 말하고 있지만 앞으로도 이 이념을 계속 실천하고 전파하고 싶습니다.

다나카 **다나카 하루코**(田中晴子)라고 해요. 대학에서 일하다가 5년 전에 퇴직하고 지금은 약간의 부업을 병행하며 전업주부로 살고 있어요. 오늘 강의 중에서 '모두가 후천적 장애인이 된다'라는 말이 너무 인상적이었어요. 전 일을 그만두었을 때 '후천적 장애인'까지는 아니라도 '낙오자'가 된 기분이었거든요. '정규직으로 돌아갈 일은 없겠구나'라고 생각하니 무력감이 몰려오더라고요.

'돌봄은 비폭력의 실천을 배우는 과정이다'라는 말씀도 마음에 와닿았어요. 큰 아이가 일곱 살이고 작은 아이가 네 살인 저에게 육아가 딱 그런 일이거든요. 사회에서 일할 때는 논리가 통하는 성인과 대화해서 잘 몰랐는데 논리가 전혀 통하지 않는 아이를 돌보는 건 정말 어려운 일이더라고요. 감정 노동이란 말도 있지만, '육아할 때 내 감정을 어떻게 다스리면 좋을까'라는 고민을 지금까지 하고 있어요.

도쿄대 축사의 '약자가 약자인 채로 존중받는 사회'라는 말에도 감동했어요. 아이한테 손이 많이 가는 시기가 지나면 저도 재취업할 기회가 생길지도 모르는데 그때 어떤 일을 하면 좋을지 생각하게 되더군요. 약자가 약자인 채 존중받는 사회를 실현하는 데 도움이 되는 일이면 좋겠어요.

제가 다시 일하게 됐을 때 어떤 일을 선택해야 할지 여러분과 함께 생각해 보고 싶습니다.

히라이 **히라이 다카아키**(平井孝明)라고 합니다. 46세이고 남성 주부입니다. 아들 셋이 있는데 중학교 1학년, 초등학교 5학년, 여섯 살이에요. 주부가 되기 전에는 보육교사, 요양 복지사로 일했습니다.

처음에 일했던 어린이집에서는 모자의 유대가 얼마나

강한지 절감했어요. 그래서 주부가 된 후 육아를 담당하면서 아빠가 모자 사이에 끼어들 수 있는지 실험하는 중인데 제가 계속 지고 있네요. 엄마는 퇴근해서 집에 오면 아이가 해달라는 걸 다 해주고 저는 자꾸 안 된다고 하니까요. 아이는 자기한테 유리한 사람만 찾더라고요.

그래도 다행히 아이와 시간을 많이 보내고 있어요. 저는 어릴 때 아버지가 놀아준 기억이 별로 없어서 아버지를 반면교사로 삼았죠. 엄마를 이기지는 못해도 아이에게 몸집 큰 골목대장 같은 존재로 좋은 관계를 구축한 것 같아요.

그리고 '아카바 베이블레이드* 클럽' 모임도 만들었어요. 우에노 선생님이 말씀하신 '공조(共助)' 단체에 해당할 것 같은데 한 달에 한 번 정도 아버지와 할아버지들이 모여서 아이들과 함께 팽이 놀이를 하는 모임이에요. 그때는 아이들을 서로서로 돌보죠. 혼자서 자기 아이를 돌보면 부담이 크지만 다른 아이들, 다른 사람들과 함께 있으면 아이들끼리 놀기도 하니까 마음이 아주 편해요. 두 살 된 아이를 감당하기 힘든 부모 앞에 '나는 두 살 된 아이랑 노는 게 힐링이에요'라고 말하는 어른이 나타난다면 모두에게 좋은 일이죠. 이런 식으로 서로서로 도울 수 있는 거 아닐까요.

아까 선생님이 '돌봄은 두 사람 사이의 상호 행위라서 돌보는 사람의 불행이 반드시 약자에게 옮겨 간다'라고 말씀하셨는데 모두가 행복해지는 우리 모임을 말씀하시는 것 같아서 무척 기뻤어요. 감사합니다.

'베이블레이드'는 팽이 완구 브랜드.

우에노 　강단에서도 히라이 씨의 반응이 아주 잘 보였어요. 제 이야기에 웃고 끄덕이고 반응해 주셔서 감사해요. 역시 반응이 있으니 저도 힘이 나더군요.

　아까는 엄마에게 진다고 말씀하셨는데 만약 아이가 넘어져서 울음이 터지면 누구한테 가나요?

히라이 　**의외로 저한테 오던데요.**

우에노 　그렇죠. 당연히 그럴 거예요.

히라이 　**그렇지만 평소에는 엄마를 좋아해요.**

우에노 　접촉 시간이 길수록 부딪칠 일이 많으니 단시간만 접하는 엄마와 사이가 좋은 게 당연하죠. 진짜 승부는 위기가 닥쳤을 때 아이가 누구한테 가느냐로 정해지지 않나요?

히라이 　**그래도 반반 정도예요.**

우에노 　반반이면 최상급 아니에요? 엄마랑 비슷한 신뢰를 받다니요. 아빠들은 대개 그 또래 아이들한테 완전히 버림받는 걸요. 아마 쳐다도 안 볼걸요.

히라이 그렇긴 하죠.

미즈타니 일러스트레이터와 만화가로 일하는 <u>미즈타니 사루코</u>로(水谷さるこ)입니다. 저는 결혼에 한 번 실패했어요. 이혼 경험이 있죠. 이후에 만난 사람과 사실혼 관계로 생활하는 중이고 그런 체험을 만화로 그리거나 칼럼으로 써서 배포하고 있어요. '나에게 맞는 가족을 만드는 법' 등을 소재로 삼다 보니 오늘 이 자리에 초대해 주신 것 같아요.

평소에 '결혼 생활을 어떻게 해야 괴로운 사람 없이 가정을 더 잘 운영할 수 있을까?'라는 생각을 자주 해요. 제가 막연히 생각했던 것들을 학문적으로 제대로 설명해 주시고 통계 증거를 보여주셔서 좋았습니다. 약간 감동도 했고 '좀 더 제대로 공부했으면 좋았겠다' 싶기도 해요.

저희 부부는 둘 다 일하면서 가사를 비슷하게 나누고 남성도 육아에 헌신하는 생활을 실천하고 있어요. 다만 남편이 가사와 육아에 적극적으로 참여하면서도 어쩐지 남의 일을 하고 있다는 기색을 풍길 때가 있어요. 저와는 당사자 의식이 압도적으로 달라요. 제가 '내가 더 많이 한다'라고 따지면 남편은 '다른 아빠보다 내가 훨씬 많이 해'라고 대답해요. 어떻게 하면 당사자 의식을 공유하고 이런 문제를 개선할 수 있을지 매일 대화하는 중이죠.

그런데 오늘 이야기를 듣고 그게 개인의 자질이나 성격

이 아닌 사회적 구조 때문이라는 걸 알았어요. 사회 구조가
언행이나 사고방식에 큰 영향을 미친다는 사실을 새삼 확인
했죠. 감사합니다. 앞으로도 공부하고 싶어요.

우에노 전혀 늦지 않았어요.

오츠 <u>오츠 게이치로</u>(大津慶一郎)라고 합니다. 38세이고 생명 보
험 회사에 다니고 있어요. 동갑인 아내는 은행 정직원이
고 두 살짜리 아들이 있습니다. 아이가 태어났을 때 남
성으로서는 드물게 육아 휴직을 썼고, 심지어 비교적
긴 기간인 8개월을 쓴 덕분에, 회사를 통해 오늘 이 자
리에 초대받은 듯해요. 꼭 오고 싶었기 때문에 수락했
습니다.

강의를 듣고, 평소에 사회학적 관점을 그다지 의식하지
않고 살아서 그런지 저 역시 남성과 여성을 다르게 보는 면이
있었다는 걸 깨달았어요. 아까 미즈타니 씨가 남편 이야기를
하셨는데, 제 아내도 저를 보고 '내가 전부 다 하고 있는데 웬
호들갑이야?'라고 생각할 때가 있을 것 같아요.

그리고 히라이 씨처럼 저도 아이의 등·하원을 도맡고
있어서 아이와 보내는 시간이 아내보다 길어요. 아이가 부모
중 누구를 더 따르느냐는 개인과 가정의 특성에 따라 달라진
다고 생각하지만, 오늘 사회학적인 설명을 들은 덕분에 사고
가 확장되었습니다. 감사합니다.

가이　귀중한 강의 감사했습니다. 가이 나츠코(甲斐奈津子)라고 합니다. 현재 35세, 2년 전에 외국계 회사를 그만두고 전업주부로 생활하고 있어요. 남편은 미국인입니다. 저희는 '행복한 아내, 행복한 생활'을 가훈으로 정하고 둘이 유유자적 살고 있어요. 여성이나 전업주부가 가사를 당연히 담당한다는 생각은 전혀 없고, 가사를 분담한다는 생각도 없어요. 시간이 되고 상황이 되는 사람이 눈앞에 있는 일을 처리하는 시스템이죠.

일본에 살다 보니 여성이니까, 전업주부니까 가사를 전담하는 게 당연하다고 생각하는 특유의 문화가 있더군요. 그게 저희와 크게 달라요. 전업주부인 친구가 매일 그런 불만을 토로해서 개선할 방법이 없을까 하고 생각하던 중이었어요. 우에노 선생님의 이야기에서 힌트를 얻을 수 있을 듯해 참가했습니다.

저는 미국인과 생활하다 보니 선생님이 설명하신 일본의 시대 배경이나 여성들의 역사적 처지를 잊고 지낼 때가 많았나 봅니다. 강의를 듣다 보니 그래서 평소에 위화감을 느꼈구나 싶었어요. 그리고 '어떻게 해야 이 환경이 개선될까'라고 생각하게 되었어요.

아라오　오늘 귀한 강의 감사합니다. 아라오 나나(荒尾奈那)입니다. 스무 살이고 대학교 2학년이에요. 저는 나중에 전업주부는 절대 되지 않을 거예요. 가사를 분담해서 제가 하고 싶은 일을 병행하며 살고 싶어요.

작년에는 조치(上智) 대학 축제 실행 위원회 대표로서 '미스·미스터 소피아 대회'를 개혁하는 일을 맡았어요. 그래서 외모뿐만 아니라 다양한 면을 평가하는 '소피안즈 대회'로 콘셉트를 바꿨죠. 은연중에 '이건 케케묵은 일이다'라고 느꼈던 걸 세상에서도 다양하게 비판하고 있더군요. 대회 개혁을 계기로 젠더 연구에 관심이 커져서 좀 더 깊이 알고 싶다는 생각으로 여기 참가했습니다.

오늘 강의를 듣고 사회의 불합리한 면을 학문으로 연구하는 젠더론, 그리고 사회학 자체에 강렬한 흥미를 느꼈어요. '기도를 그만두고 무언가를 해결한다'라는 마지막 말씀, 사는 동안에 해결하겠다는 자세도 정말 멋졌어요. 저도 앞으로 다양한 선택을 하고 그 선택을 실행으로 옮겨 문제를 해결하는 삶을 살고 싶어요. 잘 부탁드립니다.

우에노 다양한 분들이 여기 모였군요. 의외의 조합이네요. 공통점이 없는 것 같아요.

오늘 제가 주부의 노동은 수지가 전혀 안 맞는다고 말씀드렸는데 사토 씨는 그래도 전업주부가 되고 싶으신가요? 아니면 전업주부로서의 인생도 나름대로 수지가 맞는다고 생각하시나요? 어떠세요?

사토 강의를 듣기 전까지는 당연히 전업주부로 살겠다고 생각했어요.

우에노 당연히!

사토 전업주부의 인생이 괜찮아 보였거든요. 당사자가 아니라서 진심은 잘 모르지만요. 어쨌든 주부가 하는 일을 저항 없이 받아들였어요. 가치가 있는지 없는지 애초에 따져 보지도 않았어요.

제가 전업주부로 열심히 살면 배우자와 자녀와 저 자신의 생활이 당연히 풍요로워진다고 믿었으니 관점이 처음부터 달랐어요.

그런데 오늘 강의를 듣고 그게 당연하지 않다는 걸 깨달았어요. 물론 전업주부의 꿈을 아직 포기한 건 아니에요. '대가를 제대로 받는 일을 하면 어떨까?'라고 고민되긴 하지만요.

우에노 아까의 데이터를 보면 전업주부는 노동 시간이 길고
수면 시간도 짧다고 돼 있죠. 그래서 전업주부가 수지
는 안 맞을지 몰라도 시간 활용 면에서 특권 계급처럼
보일 수 있어요. 하지만 주부의 시간은 가족의 필요에
따라 언제든 출동하기 위한 대기 시간이니 자유로운
시간이라고 말할 수 없어요.

토론하려고 모였으니 주부 생활을 경험하신 다나카
씨, 미즈타니 씨가 사토 씨에게 조언할 게 있으시면 말씀해
주세요.

미즈타니 처음 결혼할 때 '헌신은 여성의 미덕'이라는 생각이 있
었어요. 가사를 도맡아 매일 밥상을 차리고 와이셔츠
도 깔끔하게 다려 놓는 게 아내의 의무라고 생각했죠.
하지만 저도 꿈이 있었어요. 좋아하는 일을 하기 위해
일러스트레이터 겸 만화가가 됐으니까요. 다만 집에서
할 수 있는 일이라서 일도 열심히 하고 남편에게도 헌신
할 수 있지 않을까 생각했어요.

하지만 제가 괴롭거나 힘들 때 도와줄 사람이 없다는
걸 어느 날 깨달았어요. '어, 내가 왜 이러고 있지?'라는 생각
이 들더라고요. 사실 결혼에 그다지 적극적이지 않았던 남편
에게 '내 행복을 위한 일'이라고 지나치게 밀어붙였던 것 같아
요. 서른 전에 결혼하고 싶다는 생각으로 결혼해 버렸고요.
결혼한 후, 일도 점점 줄었어요. 프리랜서 여자가 서른 전에

결혼했으니 '좋은 남자를 잡았구나'라고 다들 생각하더군요. 사실은 그게 아니라 결혼하고 싶어서 결혼한 거였거든요. 결국 '내가 돌봐주는 것뿐만 아니라 돌봄을 받는 것도 생각해야겠구나'라고 깨닫게 됐고 결국 이혼했어요.

서른에 결혼하고, 서른셋에 이혼했는데 그 후 3년 동안 '진짜 원했던 결혼 생활은 어떤 것일까?'라고 매일 밤 반성하면서 인터넷 고민 상담을 엄청나게 읽었어요. 제가 철이 없었더라고요. 내가 약해질 때는 배우자에게 도움을 받고 여유가 있을 때는 내가 돌보는 공평한 관계가 좋은 건데 말이죠.

부모님 사이가 무척 좋았어요. 엄마는 전업주부이시고 아빠는 무척 자상하셔서 결혼을 비판적으로 본 적이 거의 없었죠. 부모님은 '여자라도 제대로 된 자기 일이 필요하다'라고 하셨지만 '결혼하면 아이는 낳아야 한다'라고도 하셨어요. 두 마리 토끼를 잡으려 했지만 결혼하고 나서야 '나 혼자 왜 애를 쓰지?'라는 생각이 들더라고요.

오늘 사토 씨의 이야기를 듣다 보니 결혼을 좋게만 생각하는 듯해서 마음이 불안해지네요.

우에노　헌신이 여자의 미덕이라고 생각했잖아요. 헌신할 보람이 있는 남자였나요? 아니면 자기만족이었을까요?

미즈타니　자기만족이었어요. 보답이 없어도 사랑을 계속 실천하고 싶다는 희한한 마음이 있었거든요. 하지만 결혼 생활은 그렇게 유지되지 않는다는 걸 알았어요.

우에노 헌신한다는 건 자신이 조연이 된다는 뜻이에요. 남편을 주연으로 세우고 본인은 평생 조연이어도 괜찮다고 생각하고 결혼한 건가요?

미즈타니 **전혀 아니죠.**

우에노 하지만 헌신이란 그런 거잖아요.

미즈타니 **저도 제 인생에서 무언가, 성공하고 싶었어요.**

우에노 내 꿈과 목표를 추구하면서도 남편에게 헌신하겠다, 나에게 헌신할 사람은 없어도 된다고 생각하셨군요.

미즈타니 **맞아요.**

우에노 도움받고 싶다는 생각은 없었나요?

미즈타니 **전혀 없었다는 게 정말 희한해요.**

우에노 어머, 그렇군요.

미즈타니 그것도 반성하고 있어요.

우에노 다나카 씨의 이야기도 들어볼까요?

다나카 같은 전업주부라 해도 아이가 몇 명이고 몇 살인지에
따라 상황이 상당히 다를 듯해요. 강의 중에 주부 연봉
이 276만 엔(약 2,500만 원)이라고 하셨는데 '과연 아이가
몇 명이고 몇 살일 때를 상정했을까?'라는 생각이 들었
어요. 저희 부부는 지금도 행복하지만 아이가 없었을
때 정말 즐거웠거든요. 대학원생이어서 늦게까지 학우
들과 이야기를 나누거나 공부하거나 연구하거나 음식
을 먹곤 했어요. 둘 다 독신의 삶을 즐기는 느낌이었죠.
그래서 전업주부라고 해도 아이가 있는 사람과 없는
사람은 상당히 다를 것 같아요.

미즈타니 씨가 '내가 힘들 때 누가 도와주지?'라고 생
각했다고 하셨는데 그런 생각은 대개 아이가 태어난 후에 시
작돼요. 저는 큰 애가 세 살, 작은 애가 신생아일 때 비슷한
일이 있었어요. 배가 아파서 병원에 가야 하는데 '집을 비우면
애들은 어떻게 하지?' 싶은 거예요. 저 자신을 전혀 돌볼 수
없더라고요.

물론 남편이 조퇴하고 와서 병원에 가긴 했어요. 남편
이 불평하지 않았는데도 어쩐지 남편의 시간을 빼앗은 듯한
기분이 들었어요. 제가 움직이고 싶을 때 누군가의 승인과

도움이 필요한 상황이 정말 낯설었어요. 전엔 생각도 못 했던 일이어서 왜 전혀 몰랐는지 의아하더군요. 앞으로 결혼하려는 분들은 본인이 힘들어서 도움을 받아야 할 때를 일부러라도 생각하면 좋겠어요. 건강할 때는 전혀 의식하지 못할 테니까요.

우에노 276만 엔은 평균 금액이에요. 그러니 24시간 돌봐야 하는 신생아나 요양이 필요한 노인이 있다면 금액은 확 늘어나겠죠. 276만 엔으로는 한참 모자라고 500만 엔(약 4,600만 원)쯤 되려나? 그만큼은 받아야 하지 않을까요?

그리고 남편분은 육아에 참여할 때 '도와준다'라는 분위기를 풍기지 않는지 궁금하네요. 미즈타니 씨의 지금 남편도 '내 아이이니 책임지고 키우겠다'라는 게 아니라 '내가 도와서 당신의 시간을 만들어줄게'라는 분위기를 주나요? 요즘 남편들은 가사와 육아를 '도와준다'라고 말하는 순간 이미 자격 미달인 것 같던데요.

미즈타니 이 사람도 처음에는 '도와준다'라거나 '잘해주고 있다'라고 생각하는 것 같았어요.

우에노 '원래 당신 일이지만 내가 거들고 있다'라는 느낌이고 '내 아이니까 내 책임이다'라는 느낌은 아니었군요.

미즈타니 '내 아이고 귀여우니까 보살피고 싶다'라고 말은 하지만 순간순간 '당신을 돕고 있다' 또는 '내 일이 아니지만 하는 거다'라는 기색이 엿보였어요. 그럴 때마다 부부 싸움이 시작됐죠.

우에노 이해가 가요. '난 남들보다 훨씬 낫지'라고 말하는 남자들에게 우리 또래 여성 운동가들은 '다른 남편과 비교하지 말고 당신 아내와 비교하라'라고 반박했죠. 같은 일이 50년이 지난 지금도 반복되고 있어요.

우리 이야기를 듣다가 히라이 씨가 뭔가 생각난 것 같은 표정이네요(웃음).

히라이 네, 생각났어요. 사실 저는 남성이 저처럼 주부 역할을 하면 세상이 평화로워질 거라고 생각해요. 상당히 극단적인 가정이지만요. 다 아시겠지만 여성들은 산후에 굉장히 예민해지잖아요. 그때의 원망을 정년퇴직할 때까지 품고 있거든요.

우에노 평생이죠.

히라이 네, 여자는 그게 평생 가요. 남자들은 다 잊어요. 저도 그렇고요. 그 엄청난 온도 차 때문에 부부 사이의 골이 점점 깊어지는 거예요.

우에노 산후의 원망이 평생 간다고 젊은 사람들한테 말해줘야 해요. 저도 주변에 결혼하는 젊은 커플이 있으면 예비 신랑한테 꼭 얘기하거든요. 출산 직후에는 아내가 예민 해지기도 하고 지금까지 해본 적 없는 일, 신생아를 돌 보느라 밤잠을 못 잘 정도로 여유가 없어지는데 아내 가 힘들 때 외면하면 평생 원망받을 거라고요. 그래서 예비 신랑들한테 '아기 낳은 후의 행동이 평생의 결혼 생활을 좌우하니까 조심해'라고 꼭 말해줘요.

히라이 **정확한 말씀이에요.**

우에노 히라이 씨는 제대로 알고 있어서 다행이네요.

늘 생각하는 건데 육아는 아무래도 기간이 정해져 있 잖아요. 머잖아 아이는 부모가 필요 없어져요. 어느 순간 어 딘가 같이 가자고 하면 싫다고 안 따라간다고 할 거예요. 계 속 좋다고 따라다니는 아이가 오히려 위험하죠. 백세 시대라 서 인생이 길어졌으니 육아가 끝난 후에 어떻게 지낼까 하는 것도 중요해요. 그게 남녀에 상관없이 큰 과제일 텐데 어떻게 준비하시나요?

히라이 **그렇죠. 일단 처음에 말한 육아 실험에 최선을 다해야 겠죠. 그 후에는 요양 일을 할 텐데 수입은 적지만 언제 든 복귀할 수 있는 직업이라서 그다지 불안하지는 않**

아요. 일단 하고 싶은 일을 마음껏 하려고 해요. 아내도 마음껏 일하고 싶다고 하니 이해관계가 일치했어요.

우에노 자격증이 있으니 걱정이 없으시네요. 요양 업계는 사람이 늘 부족한 상태라 복직도 금방일 거예요. 그런데도 대우가 전혀 좋아지지 않으니 참 답답하네요.

히라이 심지어 저는 요양 복지사 국가 자격이 있는데도 문외한과 똑같이 취급당하고 있어요. 아무나 해도 되는 일처럼 말하니까 어이가 없어요.

우에노 기가 막히는 이야기죠.

히라이 정말로 기가 막혀요. 이럴 거면 국가 자격이 왜 있는지 모르겠어요.

우에노 정말 그래요. 혹시 다른 분도 이 대화에 참여하고 싶으신가요?

사토 하고 싶은 일이 있다는 것만으로 훌륭하다고 단순히 생각했어요. 일단 전업주부를 해보자는 생각이었죠. 다른 분들 말씀대로 문제가 있을지 모른다는 기분은 들지만 역시 원했던 삶에 미련을 못 버린다고 해야 할까요? 퇴로 차단까지는 아니더라도 하고 싶은 일을 일단 끝까지 해보고 다음 단계로 나아가는 게 좋을 것 같아요. 전업주부가 되려면 배우자부터 찾아야겠지만요.

우에노 　사회학자는 그렇게 생각하지 않아요. 하고 싶은 일을 다 체험해 보려면 비용이 많이 들어요. 히라이 씨도 육아 실험을 진행 중이라 하셨는데 그러려면 시간이 꽤 걸리죠.

　사회학자는 데이터를 봐요. 그러면 주변 여성들이 어떻게 생활하는지 대강 알 수 있어요. 사회의 변화도 보이고요. 그 결과 전업주부의 노동이 여성에게 손해라는 것, 위험도 크다는 걸 알 수 있어요. 그중에서도 강력한 데이터는 눈앞에 살아 숨 쉬는 여성이에요. 제 경우엔 어머니였죠. 어머니는 불행한 전업주부였어요. 사토 씨의 어머니는 아마 행복한 전업주부셨을 거예요. 그래서 엄마 같은 삶도 좋겠다고 생각할 수 있어요. 그런데 그러려면 아버지 같은 남편을 만나야 해요. 그게 상당히 어려울지도 몰라요.

　데이터를 보니 아버지 같은 남자와 결혼할 수 있었던 시대는 이제 끝난 것 같아요. 남자의 수입이 점점 줄어들고 있고 이혼율도 높아져서 결혼이 평생 유지되지 않는 시대죠. 꼭 데이터대로 되지는 않겠지만 위험성이 커진 건 분명해요.

　그런데 사쿠마 씨, 직접 경영을 해보니 어때요? 역시 효율을 중시하게 되죠?

사쿠마 그렇죠.

우에노 종업원이 육아 휴직을 쓰면 난감하다든가?

사쿠마 아무래도요. 제가 지향하는 바와 '이래야만 한다'라는
일반적 가치관 사이에서 매일 갈등해요. 예전에 사무직
일 땐 답이 정해져 있어서 그 길로 가기만 하면 됐어요.
경영자가 된 후로는 스스로 답을 정해야 하니 정말 어
렵지요.

우에노 조금 더 자세히 말씀해 주세요. 지향하는 바와 일반적
가치관의 괴리란 구체적으로 무엇일까요?

사쿠마 저한텐 그게 일과 가정, 육아예요. 창업한 후 서른둘에
아이를 낳았어요. 육아와 일을 양립하려고 회사를 창업
한 건데도 '한쪽을 택해야 한다'라거나 '양립은 불가능
하다'라는 메시지를 자주 접하게 돼요. '회식에는 못 오
죠?'라거나 '일찍 들어가야 하죠?'라는 식으로요. 마음
써주는 건 고맙지만 저는 일도 육아도 척척 잘 해내고
싶거든요.
　　하고 싶은 대로 하라고 말씀하실지 모르지만…. 주변
사람들이 '그만두는 게 낫지 않아?'라든가 '무리하지 않아도
돼'라는 식으로 옛날 가치관을 은근히 강요해서 분발해서 전

진하기가 쉽지 않네요.

우에노 　배려라는 이름의 차별이군요. 예전 스가 정권의 홍보관
　　　이었던 야마다 마키코(山田眞貴子) 씨도 그런 이유로 회식
　　　권유를 절대 거절하지 않는다고 했어요.

사쿠마 　저에게는 아무도 회식을 권하지 않아요.

우에노 　그래서 실제로 피해가 있었나요?

사쿠마 　네, 있었어요. 우리 회사는 커뮤니케이션으로 일을 수
　　　주하니까요.

우에노 　야마다 마키코 씨도 비슷한 말을 했어요. 인맥을 쌓을
　　　기회는 절대 놓치지 않는다고요. 그래도 사쿠마 씨가
　　　하는 홍보 관련 업무는 온라인에서 대부분을 처리할
　　　수 있지 않나요?

사쿠마 　지금은 많이 나아졌어요.

우에노 　정보 산업에선 성과물이 전부라고 해도 과언이 아니죠.
　　　그러니 화면 뒤에 있는 사람의 성별은 중요하지 않을
　　　것 같아요.

사쿠마 처음 창업했을 때는 인재 분야의 여성 노동력 활성화를 지향했어요. 하지만 결국 쓰기 편한 서비스나 가치 있는 서비스를 홍보하는 쪽으로 사업이 흘러가더라고요. 제가 하고 싶은 일과 할 수 있는 일을 일치시키는 게 쉽지 않아요.

우에노 필요가 있는 곳에 시장이 있으니 사업을 그쪽으로 전환하는 건 경영자로서 올바른 판단이에요.

사쿠마 그렇군요. 제가 하고 싶은 일은 '여성 노동력 활성화'인데 할 수 있는 일은 '홍보'인 셈이네요. 두 가지를 접합하는 게 그 다음 과제가 될 듯해요.

우에노 상당히 도전적인 과제네요.

우에노 　가이 씨는 현재 행복하게 지내시는 듯한데 자녀는 없으신가요?

가이 　네. 없어요.

우에노 　아까 다나카 씨도 말씀하셨죠. 부부가 둘일 때 너무 즐거웠다고요. 두 어른의 합숙 생활이니 즐거울 듯해요. 그럴 땐 시간이 되고 상황이 되는 사람이 눈앞의 일을 하는 시스템으로 가정이 잘 돌아가겠지만 아이는 자기 중심성으로 똘똘 뭉친 존재라 이야기가 달라지죠. 상대의 사정 따위 손톱만큼도 생각하지 않는 데다 '나한테 무조건 맞춰 달라'라며 악을 쓰니까요. 싱가포르로 이주한다고 하셨는데 거기서 육아 도우미를 고용할 생각이신가요?

가이 　네, 그럴 것 같아요. 그래서 저희는 아이를 원하는지 아닌지, 부부끼리만 앞으로의 인생을 살지 어떨지, 아이가 생긴다면 육아와 가사를 어떤 비율로 나눌지까지 대화로 정해 두었어요. 결혼할 당시에도 대화했고 결혼한 후에도 몇 년씩 대화했거든요.
　　말씀대로 남편의 이직 때문에 올해 안에 싱가포르로 이주하게 됐어요. 그런데 거기서 입주 육아 도우미나 가사 도우미를 고용하는 문제에 관해 오히려 남편이 '전부 직접 하려고 하지 않아도 돼'라고 말하더라고요. 해외로 가는 게 약간 불안했는데 그 말을 듣고 나니 마음이 한결 편해졌어요.

우에노 비자도 생각하셔야 해요. 남편에게는 취업 비자가 나오지만 아내에게는 취업 비자가 안 나오니까요. 비자 때문에 일자리를 못 구해 속수무책인 일본인 여성이 해외에 꽤 있잖아요.

가이 네, 그렇죠.

우에노 싱가포르는 소득 격차가 큰 사회라서 육아 도우미를 쉽게 고용할 수 있죠. 만약 일본이 그런 사회로 변한다면 일본 여성들은 주저 없이 육아 도우미를 쓸까요? 사토 씨는 어떨 것 같아요? 여러분 의견을 듣고 싶어요.

사토 **어디까지나 가정이지만 제가 만약 전업주부라면 쓰지 않을 것 같아요. 맞벌이라면 제삼자에게 도움을 받는 것도 아주 좋을 듯하고요.**

우에노 격차가 아주 큰 나라들이 있어요. 일례로 인도에서는 오랫동안 세탁기가 팔리지 않았다고 해요. 노동자를 고용하는 게 가전을 사는 것보다 훨씬 싸게 먹혀서요. 눈앞에 선택지가 있고 그걸 구매할 능력이 되는데도 선택하지 않기는 상당히 어려울 거예요.

일본은 지금 격차 사회로 나아가려는 걸까요? 그런 사회가 되는 게 좋을까요? 그렇게 되면 일본 여성들은 육아 도우미를 고용할까요? '내 아이는 내 손으로 키운다'라며 직접 육아를 선택할까요? 앞으로 정부가 어떤 정책을 채택할지, 여성들이 무엇을 선택할지 저는 무척 궁금해요.

니시우라 씨는 대화를 들으며 미래를 생각해 보셨나요? 아까 '남녀평등의 정의가 생각과 달랐다'라고 말씀하셨는데 혹시 '남녀평등은 여성도 남성처럼 되는 것'이라고 지금도 생각하세요?

니시우라 **아뇨, 전혀 아니에요.**

미래에 대해서는 생각해 봤어요. 구체적으로는 아내와 육아 도우미 문제까지 의논하면서 가사를 배분하고 비용도 산정해 보려고요. 힘들 것 같다면 도우미를 고용해도 되고, 둘이서 충분히 할 수 있겠다 싶으면 직접 돌보면 되겠죠.

우에노 결혼할 때 '당신을 평생 지키겠습니다'라든가 '가계를 책임지겠습니다'라고 아내에게 맹세할 마음이 있나요?

니시우라 **아내가 평생 저에게 의지하고 싶다면 그렇게 해줘야죠. 제가 먼저 '경제를 책임지겠다'라며 내조를 강요하지는 않을 거예요.**

우에노 '여성이 의지하고 싶다면 그렇게 해줄 수 있다'라고 할 만큼 자신이 있으시군요(웃음).

니시우라 **자신이 없다면 결혼 안 하려고요.**

우에노 네? 결혼을 안 하신다고요? '서로 의지한다'라는 선택지는 없나요?

니시우라 **서로 의지할 수 있다면 그게 제일 좋겠죠. 상대가 저한테 의지하고 싶다면 이야기가 달라질 테지만요.**

우에노 상대에 따라 달라지는군요.

니시우라 **물론 서로 의지하는 게 이상적이죠.**

우에노 사토 씨 또래의 남성 중엔 '평생 지키겠다'라거나 '의지가 되어주겠다'라는 맹세가 부담스러워서 피하고 싶다는 사람이 많지 않아요? 지금의 왕이 황태자일 때 마사코 씨에게 '평생 지키겠습니다'라고 맹세한 것에 감동한 여성이 많았다고 해요. 저는 '진짜로 지킬 수 있을까?'라고 생각했어요. '말도 안 되는 대담한 소릴 용케도 하네'라고 말이죠. 요즘 젊은 남성을 보면 그렇게 맹세할 수 없는 시대가 점점 오고 있다는 생각이 들어요.

니시우라 사토 씨는 '의지가 되어 주겠다'라고 말해줄 사람을 만나고 싶은 거죠?

우에노 좋아요, 같은 또래가 질문해 주는 게 최고죠.

사토 처음부터 그런 사람을 찾으려는 게 아니라 만약 좋아하는 사람이 그런 사람이라면 의지하면서 전업주부로 살 수 있겠죠. 그게 아니라면 같이 일하는 게 좋다고 생각해요. 먹여 살려줄 사람을 원하는 건 아니에요.

우에노 두 분 다 상대에 따라 달라지네요. 유연하군요.

니시우라 그런 것 같아요.

우에노 사회학 데이터를 다시 언급하자면, 최근에 결혼 상대에게 바라는 조건이 변하고 있어요. 남성들은 여성의 용모나 마음씨, 가사 능력을 줄곧 상위로 꼽았는데 최근에 '경제력'이 더 중요해지고 있어요. 이건 세계적인 경향이에요. 한 사람 한 사람 따지면 각자 선택이 다르겠지만 전체적인 추세는 그래요. 이제 '평생 지키겠다'라고 말하는 남자를 찾기는 어려울 거예요.

히라이 우리도 그렇지만 더 젊은 세대에서도 그런 남자는 점점 줄어들고 있어요. 정말 어려울 것 같아요.

우에노 히라이 씨 말씀이 맞아요. 게다가 자조만 남았고 공조(公助)와 공조(共助)가 절대적으로 부족한 상황이라 '이래선 아이를 못 낳겠네'라고 생각하게 돼요. 한 명 낳고 '내 한계다'라고 느끼니 인구도 점점 줄 테고요. 이건 사람이 만든 인재예요. 여러분이 '자조가 우선이다'라고 말하는 정치가를 골랐으니까요. 그런 사람들을 골라 국회에 보낸 결과가 지금 나타나는 거죠.

히라이 정말 공감해요. 요양 보험이 도입된 지 몇 년 되니까 도쿄에서는 서비스를 이용하는 사람이 어느 정도 늘어나 요양 보험이 당연하게 여겨지기 시작했어요. 하지만 지바는 그렇지 않아요. 도쿄와 이웃한 곳인데요. 지방이라 그런지 인식이 전혀 개선되지 않아 '부모를 돌보지 않고 시설에 보내는 건 상상할 수 없다'라고 생각하는 사람이 많아요. 지금은 좀 나아졌을지 몰라도 분위기가 이러니 전업주부들도 보이지 않는 부담을 많이 지고 있어요. 위험할 정도로요.

우에노 육아는 지금도 자조에 의존할 뿐 사회의 도움이 절대적으로 부족하지만 다행히 요양 분야는 요양 보험 덕분에 어느 정도 사회화되고 제도화됐죠. 초기에는 히라

이 씨 말씀대로 '아무리 요양 보험을 만들어도 이 동네
는 달라지지 않는다'라든가 '집에 남을 들일 일은 절대
없다'라고 말했어요. 하지만 세간의 상식이 순식간에
바뀌더군요. 지금은 부모를 시설에 맡기는 걸 꺼리는
사람이 거의 없어요. 요양 때문에 일을 그만두는 사람
이 있긴 한데 요양 보험 덕분에 그 수가 압도적으로 줄
었고요. 마찬가지로 육아 분야의 사회화도 진행되어야
겠죠. 그러면 육아 때문에 회사를 그만두는 사람도 줄
어들 거예요.

이시이 씨, 그런 의미에서 지금의 '이시이 산치'는 요양
의 공조(共助)로 공조(公助)를 촉진하는 곳 같아요.

이시이   맞아요. 제가 이시이 산치를 세운 건 독립하고 싶어서
기도 했지만 미혼모나 장애인이 일할 수 있는 곳을 만
들고 싶어서였거든요. 원원을 지향하는 거죠. 구체적으
로 '아이와 함께 출근할 수 있는 직장'을 만들었어요. 그
랬더니 간절히 일하고 싶은데 취직하지 못했던 엄마들
이 이시이 산치에 있는 사람들에게 아이를 맡기고 돈을
벌 수 있게 되었죠. 아이들 덕분에 이시이 산치도 분위
기가 아주 부드러워졌어요. 좋은 아이디어였다고 생각
해요. 또 요양이 필요한 부모님도 데려올 수 있게 했어
요. 그러면 부모를 돌보느라 일을 그만두지 않아도 되
잖아요.

이 시스템엔 다양한 이점이 있어요. 다양성을 받아들인 보람이 있다고 할까요? 이런 메시지를 강의나 매체를 통해 계속 전파하고 있는데 엄마들한테 힘이 되었으면 좋겠어요.

우에노 　이시이 산치는 어디에 있나요?

이시이 　**지바의 나라시노(習志野)시와 지바시의 하나미가와(花見 川)구에 있습니다.**

우에노 　벌써 2호점이 생겼군요. 저도 현장 조사를 몇 번 해본 결과 아주 잘 돌아가는 곳이더군요. 이용자뿐만 아니라 근무하는 직원들에게도 거처가 되어준다는 게 제일 큰 장점 같았어요.

이시이 　**그렇죠.**

우에노 　일하시는 분들도 기분 좋게 느끼시겠죠?

이시이 　**글쎄요, 저는 좋아 보여요. 제 눈에는요.**

우에노 　경영자라 대답하기 어려울지도 모르겠네요(웃음). 하지만 직원들도 자신이 있을 만한 곳이라는 느낌을 받기 때문에 의욕이 나는 것 같아요. 아까 세상이 비효율적인 사람들을 배제하지만 이시이 산치에서는 그런 사람들을 받아들이고 있다고 하셨죠.

이시이 네, 그 사람들이 문제 행동을 한다고 하지만 본인이 하고 싶어서 하는 게 아니거든요. 획일적 돌봄만 제공하거나 효율을 우선하는 시설에서는 그런 사람을 거절할 거예요. 하지만 저희는 받아들이죠. 그러려면 사람을 많이 배치해야 해서 인건비가 상당히 나가게 돼요. 그게 어려운 점이에요. 이상, 이념과 경영이 상반되는 게 정말 고민스러워요.

우에노 사쿠마 씨도 이시이 씨도 경영자시네요. 역시 효율을 추구하려면 비효율적인 사람을 배제할 수밖에 없고 처음 생각대로 경영할 수 없어서 딜레마에 빠질 것 같아요. 하지만 여러분들도 지금은 건강하고 유능하더라도 언젠가 비효율적인 사람이 될 수도 있잖아요?

그러면 아직 아무 말씀도 안 하신 오츠 씨에게 물어볼게요. 부부가 근무하는 생명 보험 회사와 은행은 효율을 제일 우선하는 곳 아닌가요?

오츠 네, 그렇죠.

우에노 장기 육아 휴직을 쓰는 남성을 주위에서 어떻게 보는

지 무척 궁금해요. 데이터를 보면 육아 휴직을 쓴 아빠가 나중에 자녀와 관계가 좋다고 나와 있거든요. 아까 아이가 넘어졌을 때 누구에게 가느냐고 히라이 씨한테 물었지만, 아이는 제일 안전하다고 느끼는 사람한테 가기 마련이에요. 그러니 남녀를 불문하고 긴 시간을 함께하는 사람을 따르게 되겠죠.

일본의 가족, 특히 아빠와 아이의 관계를 살펴보면 아이는 십 대까지도 아버지와 중요한 인생 상담을 하지 않아요. 말해도 답이 없다고 생각하니까요. 그걸 보면 '육아를 외면한 남자들이 훗날 보복을 제대로 받는구나'라는 생각이 들어요.

오츠 저는 생명 보험 회사 사원이고 아내는 은행원이니 선생님 말씀대로 효율을 우선하는 환경에서 일하는 셈이에요. 하지만 제가 육아 휴직을 쓴 덕분에 이 자리에서 선생님과 대화를 나눌 수 있게 된 것 같아요. 회사는 회사대로 남성의 육아 휴직이 활발하게 이루어지는 회사라고 홍보할 수 있으니까요. 제가 없어도 다른 사람들이 회사를 잘 이끌기도 하고요. 오히려 저처럼 특이한 사람이 있어서 회사의 대응이 돋보이는 것 같아요.

우에노 질문이 있어요. 오츠 씨가 육아 휴직을 쓴 후 두 번째, 세 번째 남성 육아 휴직자가 나왔나요?

오츠 나왔어요.

우에노 정말 잘됐군요.

오츠 남성 육아 휴직을 100% 쓰라고 경영진 측에서 강력하게 지시해서 최근 5년 사이에 숫자가 확 늘었어요. 지금은 남자들이 육아 휴직을 100% 쓰고 있는데 문제는 그 기간이에요. '최소 5일은 쓰게 하라'라는 지시가 내려올 정도죠. 일단 그 목표는 달성했지만 그 이상은 개인의 판단에 달려 있겠죠.

우에노 육아 휴직을 쓰면 인사 평가에 불리하지 않아요?

오츠 불이익 같은 건 전혀 없었어요.

우에노 와, 좋은 회사네요.

오츠 사내 남녀 비율도 비슷해요. 생명 보험이라는 업계 특징일 수도 있지만요.

우에노 아이와의 관계는 어떻게 변했나요?

오츠 제가 아침을 먹이고 어린이집에 보내고 귀가한 후에도 한 차례 돌보고 있어요. 저와 오랜 시간을 보내다 보니 한동안 저를 많이 따랐어요. 최근 만 두 살이 되더니 뭔가 알아챈 건지 아니면 엄마를 못 만나는 시간이 길어서 그런지 엄마한테 가더라고요. 하지만 한쪽을 좋아하고 한쪽을 싫어하는 건 아닌 듯해요.

함께 보내는 시간이 적은 만큼 엄마랑 있는 동안 잘 따르는 거겠죠.

우에노 아이에게 엄마의 희소가치가 높은 거예요.

오츠 히라이 씨 말씀대로 자기 유리한 쪽으로만 가는 것 같기도 해요.

우에노 육아 휴직 중인데도 목욕시키고 오줌 기저귀를 교체할 뿐 아이가 응가를 하면 손도 못 대겠다며 아기 엄마를 부르는 남자들이 있다고 하네요?

오츠 우리는 반대예요. 아내가 '아빠, 아기 똥 쌌어요'라며 저를 불러요.

우에노 그래요? 분만실에 함께 있었던 남편과 육아 휴직을 쓴 남편은 이후 아이와 관계가 좋다는 데이터가 있어요. 하지만 제가 아빠들을 만날 때마다 '아이의 친구 이름을 몇 명까지 말할 수 있으세요?'라고 물어보면 하나같이 대답을 못 하더라고요. 아이의 생활을 전혀 모르는 거예요. 너무하죠? 엄마 중에는 그런 사람이 없는데 아빠들은 대개 아이의 생활을 살피지 않고 관심도 없어요. 아마 나중에 제대로 버림받을 거예요.

미즈타니 씨, 말씀하세요.

미즈타니 제 남편은 이혼 경험이 있고 자녀는 둘 있어요. 하지만 이전 가정에서도 육아에 상당히 헌신적이었고, 유치원 등·하원을 도맡았다고 해요. 장성한 큰아들의 친구 이름도 알더라고요. 그런 아버지는 이혼하더라도 아이와 대화가 잘 통하는 것 같아요. 대학생이 된 딸과도 계속 만나고 자주 연락해요. 동네 친구가 어쩌고저쩌고 이야기해도 아버지가 '아, 걔 말이야?'라고 알아들으니 대화가 잘돼요. 아이가 어릴 때 육아에 얼마나 참여하느냐가 성인 자녀와의 관계에도 큰 영향을 미치더라고요.

우에노 그럴 거예요. 아이도 없는 제가 어떻게 아느냐고요? 데이터를 꼼꼼히 보면 다 알 수 있어요.

혹시 지금까지 언급되지 않았지만 이 자리에서 다루고 싶은 주제가 있으신가요?

사쿠마 일본 사회는 꼬리표 붙이는 사회이고 가치관이 단일한 사회잖아요. 그래서 우에노 선생님도 역경을 많이 겪으셨을 듯해요. 무엇을 원동력으로 삼아 지금까지 인생을 개척하셨는지 궁금해요.

우에노 말씀대로예요. 왕따와 비난을 많이 당했죠. 지금도 악성 댓글이 잔뜩 달려요. 제 원동력은 분노였어요. 올림픽 조직 위원회 회장이었던 모리 요시로(森喜朗) 씨의 차별 발언처럼 분노에 부채질하는 사건이 자꾸 일어나서 불꽃이 사그라지지가 않네요.

하지만 저를 비난하거나 공격한 사람들을 곰곰이 살펴보면 다들 허세를 떨고 있을 뿐 사실은 약하고 여린 사람들이에요. '약해서 그렇게 행동하나 보다'라고 생각하면 분노가 동정으로 바뀌더라고요. 그런 의미에서 허용 범위랄까, 관용하는 마음이 커졌어요. 남의 비난을 듣고도 '이 사람도 이래저래 고생이 많구나'라든지 '힘들겠구나'라고 관용하며 이해할 수 있어서 나이 먹는 게 좋네요(웃음).

저는 나이를 먹을수록, 머리가 굳는다고 생각하지 않아요. 오히려 젊은 사람들의 고정관념이 더 강해서 머리가 굳어졌다고 단언할 수 있어요. '헌신하는 건 여자의 미덕'이라거나 '부부는 이래야 한다'라는 생각에 세뇌당해 있거든요. 교육과 매체가 젊은 사람들을 세뇌한 탓이에요. 매체의 책임이 정말 커요.

나이 먹는 건 다양한 현실에 부딪쳐 가며 세뇌가 풀리는 과정이라고 생각해요. 저 역시 나이를 먹고 나서 훨씬 유연해지고 관대해졌어요. 이젠 어떤 일에도 별로 화를 안 내요.

사쿠마 매일 갈등을 느껴요. 여성이자 사회인으로서 가사든 육아든 일이든 다 잘해야 한다는 마음 때문이에요. 다른 사람의 본보기가 되고 싶어서 지금까지 열심히 살았지만요.

우에노 사쿠마 씨에게 해주고 싶은 말이 있어요. 마흔은 이제 젊지 않은 나이예요. 저는 마흔 즈음에 그런 생각을 진지하게 했어요. 내 시간과 에너지에 한계가 있으니 하고 싶은 일에 우선순위를 두어야겠다고요. 그런데 우선순위를 매기려면 어떤 일이 중요한지 따져 봐야겠죠. 그 우선순위는 나중에 달라질 수 있지만 그때그때 바꾸면 돼요. 그저 지금 우선인 일에 시간과 에너지를 쏟고 다른 일에는 눈을 감는 게 중요해요. 시기마다 그렇게 하면 됩니다.

사쿠마 저는 '내가 다 해야 한다'라는 마음도 꽤 있어요.

우에노 욕심내지 맙시다. 저는 현실주의자인 덕분에 지금까지 활동할 수 있었거든요. 되는 일만 생각하고 안 될 일은 바라지도 않죠. 여성들은 작은 목표를 세우고 그 목표를 하나씩 이루며 성취감을 느낀 경험이 부족해요. 성공 체험이 부족하죠. 그래서 무력감에 휩싸이고 '어차피 그래봤자'라고 생각하는 거예요. 욕심내지 말고 되는 일만 생각하면서 하나씩 달성해 보는 것도 좋아요.

이시이 　시대가 흘러 핵가족이 되다 보니 어쩔 수 없겠지만 옛날에는 대가족으로 살면서 노화와 죽음을 가까이에서 접했잖아요. 어린아이들도 할머니, 할아버지가 늙어가는 모습을 보고 자랐죠. '할아버지는 귀가 점점 어두워지시니까 큰 소리로 천천히 말씀드려야겠다'라는 식으로 배려를 자연스럽게 배우는 게 대가족의 최대 장점이었다고 생각해요. 그래서 아이와 노인과 다양한 장애가 있는 사람들이 함께 지내는 곳을 만들고 싶었어요. 기억 속으로 사라진 일본의 소중한 전통을 되돌리고도 싶었죠.

예전엔 아이가 있는 집에서도 환자를 돌봤어요. 그게 당연했어요. 고인의 유해를 집에 모시고 아이에게 '잠깐 와서 만져 봐. 벌써 차가워졌네' '이제 별이 되셨어'라고 말하면 아이들도 나름대로 이해하는 듯했어요. 옛날 사람들은 물자는 부족했지만 마음은 풍족했겠다는 생각이 들어요.

우에노 　이시이 씨, 방금 제 강의를 들으셨잖아요. 저는 대가족 이야기를 들으면 '누군가 그 시스템을 밑에서 지탱하고 있었겠구나'라는 생각부터 들어요. 바로 며느리죠. 그 역할을 다시 누군가에게 강요하려는 것 같기도 하고요. 그러니 며느리의 희생에 의존했던 대가족을 향수의 대상으로 삼거나 이상화하지 않으면 좋겠어요.

이시이　저는 핵가족화된 사회 속에서 '있을 곳'을 만들고 싶었어요.

우에노　그건 좋은 일이죠. 지금 이시이 씨가 만든 곳은 혈연이나 지연에 의지하지 않는 공동체예요. 저는 그런 관계를 '선택연(選擇緣, 서로 선택하는 인연)'이라고 불러요. 공동체에는 다양한 사람이 존재하는 게 당연하다고 생각해요. 그래서 노인들만 모인 공동체가 더 이상해 보이는 거죠.

그런데 요즘 아이를 적게 낳다 보니 아이들 한두 명당 조부모 네 명이 있잖아요. 고령화도 심각하니까 아이들이 고령자의 노화와 죽음을 접촉할 기회가 더 많을 수도 있어요.

말씀대로 노화와 죽음은 우리가 아이들에게 최종적으로 가르쳐야 할 과제라고 생각해요. 여기 있는 여러분도 언젠가 늙어서 초라해지면 '사람은 이렇게 늙어서 죽는다'라면서 자녀나 손주들에게 노화와 죽음을 직접 보여주면 좋겠어요. 장소가 집일 수도 있고 아닐 수도 있지만 어쨌든 의도적으로 노화와 죽음을 접할 수 있도록 만들어진 공간이 '이시이 산치'인 것 같아요. 저는 거기서 늙어서 죽는 사람들이 교육적으로 큰 역할을 할 거라고 생각해요. 사람이 어떻게 늙어서 죽는지 아이들도 직접 볼 수 있으니까요.

그러고 보면 장애가 있는 아이들을 특수 학급에 모은 게 과연 옳았나 싶어요. 의도적으로 자리를 만들지 않으면 다양한 사람이 모이지 않으니까요. 그런 곳을 의도적으로 만드는 사람은 뜻(志)이 있는 사람이에요. 그래서 제가 '선택연'이라고 부르는 관계를 모로사와 요코* 씨는 '지연(志緣, 마음에 기반한 인연)'이라고 불렀어요. 선택연은 전통적 대가족 관계도 혈연·지연도 아닌 '새로운 인연'이에요. 그런 인연을 맺을 수 있는 장소가 전국 각지에 있으면 좋겠어요. 이시이 산치도 그중 하나고요.

　　다행히 이제 선택연을 만들 수 있는 기반이 생겼어요. 그게 바로 우리가 말하는 '공(共)'의 영역 즉 시민 사회 영역이에요. 공공 기관에만 맡겨 놓으면 아마 망할 거예요(웃음).

이시이 　**감사합니다.**

가이 제 남편은 제가 한 일에 감사를 잘 표현해요. 여성을 존중하는 마음이 밑바탕에 있는 것 같아요. 미국인의 특징인가 싶기도 하고요. 한편 일본 사회는 제가 사회인으로 10년 남짓 일했는데도 그다지 존중을 느낄 수 없는 곳이었어요. 전혀 없었다고는 못 하지만요. 일본에서도 남녀평등 사회를 지향하며 서로를 존중하는 사고방식을 계몽하는 듯하지만 변화엔 시간이 꽤 걸리는 것 같아요. 남녀가 아니라 같은 인간으로 서로를 대하는 방법을 찾는 게 어려운가 봐요. 이런 사고방식을 어떻게 확대하면 좋을지 의견을 듣고 싶어요.

우에노 문화 차이로 설명하면 안 될 것 같아요. 그러면 일본이 영원히 달라지지 않을 테니까요. 미국도 반세기 전에는 보수적인 사회였을 거예요. 그러니까 차이는 아주 간단해요. 일본인 남편이 미국인 남편과 달리 아내를 존중하지 않는 거예요. 아이들은 매일 보는 성인 커플인 부모의 관계를 학습하잖아요. '아버지처럼 되고 싶다' '어머니처럼 되고 싶다'라고 느끼면서요. 그러니 아버지가 어머니를 존중하지 않았다면 아이도 그 태도를 학습할 수밖에 없어요.

　　그런데 왜 여성들은 자신을 존중하지 않는 남자를 골랐을까요? 그런 남자를 고를 수밖에 없는 사회 구조 속에서 살고 있기 때문이죠. 도쿄대 여학생이라도 '똑똑하다'라는 말

もろさわようこ, 일본의 여성사 연구가.

보다 '귀엽다'라는 말을 듣는 게 유리하다면 머리 나쁜 여자를 흉내 낼지도 몰라요. 일본 사회는 머리카락을 예쁘게 세팅한 귀여운 여학생이 '여자다움'으로 결국 높은 점수를 얻는 사회였어요. 그런데 '귀여움'이란 뭘까요? 바로 '당신을 능가하지 않는다는 느낌'이에요. 귀여운 여자란 남자에게 '다루기 쉬운 여자, 조종하기 쉬운 여자, 통제하기 쉬운 여자'예요. 그런 남자에게 선택받으면 기쁠까요? 그런 여자를 선택하면 좋을까요? 사랑받는다는 건 소중한 존재로 여겨진다는 거라고 생각해요. 소중히 여겨지는 건 존중받는다는 뜻이고요. 그러니 여자는 자신을 존중하지 않는 남자를 고르지 않아야 해요. 그게 기본 중의 기본이죠. 남자 역시 자신이 존중할 수 있는 여자를 선택해야 하고요. 가이 씨, 질문 좋았어요.

오스 방금 가이 씨의 이야기를 듣고 생각난 건데요. 저는 지금은 아내를 존중한다고 생각하지만 20대 때는 그런 의식이 별로 없었어요. 결혼하고 10년쯤 지나 아이가 생기기 직전부터 대응성이나 다양성을 중시하는 쪽으로 사회가 움직이더라고요.

아내와 저는 경제력이 비슷해요. 이대로 가면 아내가 저보다 더 많이 벌 것도 같고요. 특별히 돈을 잘 벌어 존중하는 건 아니지만 10년을 살면서 존경하는 마음이 조금씩 생긴 것 같아요. 그런 의미에서 지금은 10년 전보다 아내를 포함한 모든 여성을 더 존중하고 있어요. 제가 20대 시절에 그런 쪽에 관심이 없었을 수도 있고 시대가 그랬을 수도 있지만요.

우에노 오츠 씨, 사람 보는 눈이 있었네요. 인생은 길고 사람은
계속 변해요. 예전에는 존경할 수 있었던 사람을 존중
하지 않게 되기도 하고 반대로 역경을 극복한 후에 '어
라, 이 사람에게 이런 힘이 있었나?'라고 새삼 깨닫게
되기도 하죠.
존경했던 사람을 지금은 존경할 수 없게 됐다면 그런
관계는 끊는 게 좋아요.

오츠 지금은 그런 선택지도 흔해진 것 같아요.

우에노 동지로서 인생을 헤쳐나가다 보면 '이 사람에게 이런
면이 있었구나'라며 존경하는 마음이 생기거나 사라지
거나 하죠. 인생은 길잖아요. 친구 관계도 마찬가지예
요. 같은 반이어서 친구가 되는 게 아니라 그 사람이 사
는 모습을 보고 '아, 이 사람은 이런 선택을 하는구나'
라는 마음이 생겨야 우정을 오래 유지할 수 있죠. 물론
그 존경이 실망으로 변해 관계가 끝날 수도 있고요.
저는 그런 엄격한 눈으로 업계 선배들을 봐 왔어요. 그
래서 다른 사람도 저를 똑같이 보고 있다고 생각하면서 자세
를 가다듬어요. 제 상황이 지금과 똑같이 유지될지는 아무도
모르는 일이에요. 얼마 못 가 모리 씨처럼 실언을 내뱉어서

화형당할지도 모르죠. 지금도 별생각 없는 발언 때문에 차별주의자라고 비난당하면서 계속 지뢰를 밟고 있어요. 인터넷을 보면 '우에노도 한물갔다'라는 악평이 여기저기 눈에 띄고요. 누구나 계속 변하고 있으니 평생 같은 자세를 유지하려면 상당히 신경을 써야 할 거예요.

오스 감사합니다. 하지만 시대는 확실히 변하고 있어요. 우에노 선생님의 사고방식도 우리 사고방식도 변했겠죠. 여성에 대한 남성들의 시각과 생각도요.

우에노 그럼요. 지금까지 다들 변해왔고 저도 앞으로 계속 변할 거예요.

미즈타니 질문이 하나 더 있어요. 지금은 남녀평등을 이야기할 때 여성이 당하는 억압에 초점이 맞춰지지만 앞으로 여성이 사회에 더 많이 진출해서 남녀평등이 실현된다면 남성들이 얻는 이점은 무엇일까요? 남성들의 생각이 궁금해요. 예를 들어 히라이 씨 같은 전업주부는 아직 '저 사람, 남자인데 주부인가 봐'라는 말을 들을 것 같아요. 하지만 남녀평등이 실현되면 남성의 선택지도 지금보다 더 늘어나지 않을까요? 그건 엄청난 이점이 될 것 같아요.

우에노 어떤 사회 변화든 양면이 있어요. 여성도 얻는 것과 잃는 것이 있을 테고 남성도 그렇겠죠. 그게 당연한 이치예요. 질문의 답은 미즈타니 씨가 이미 말했어요. 남녀평등이 실현되면 남성도 선택지가 늘어나니 무리하거나 애쓰지 않아도 될 거예요. 가계의 부담을 과도하게 지지 않아도 되는 거죠.

아내도 부담이 무거웠지만 일본 남성들도 '장남의 저주'에 눌려 정말 힘들게 살았어요. 그런 부담이 없어지면 남성의 삶도 가벼워질 거예요. 서로 약한 소리도 하면서 의지하고 살면 좋겠어요. 남녀평등은 여성뿐만 아니라 남성에게도 좋다고 생각해요.

하지만 남자라서 이미 누리는 기득권을 포기하기 싫은 사람도 있을 거예요. 역차별이라며 채용 쿼터제를 반대하는 사람들처럼요. 근데 지금까지 키높이 신발을 신고 있다가 이제 그걸 벗어야 한다고 억울해하면 안 되지 않을까요? 여성들이 더 강경하게 나가도 된다고 생각해요.

남성들은 자신이 키높이 신발을 신는 대신 무거운 짐을 도맡았다고 말할지도 몰라요. 하지만 여성들이 '여자다움'에서 해방되겠다며 이렇게나 여성 운동을 추진할 동안 남자들은 거의 아무런 운동도 하지 않았어요. 그런 걸 보면 남성은 '남자다움'을 내려놓기 싫은 게 아닐까요? '남자다움'에 그만큼 버리고 싶지 않은 이점이 있는 건 아닐까요? 무거운 짐을 짊어진 스트레스로 위궤양과 암에 걸리고 평균 수명을 줄이는 한이 있어도 버릴 수 없는 특권이 있는 건 아닌지 의심하게 되네요. 저는 남자가 아니라서 추측하는 수밖에 없지만요.

하지만 특권이든 이점이든 막연한 두려움 때문에 매달리고 있을 뿐, 막상 버리고 나면 아무것도 아닐 수 있어요.

아무튼 남성들의 수수께끼는 남성들이 풀게 두는 수밖에 없어요. 여성들도 당사자 연구를 통해 여성학을 만들었어요. 여성학은 '여자의, 여자에 의한, 여자를 위한 학문'이니 남자도 남자끼리 남성학을 연구하면 좋겠어요. 남자란 어떤 생물이고 어떤 때 어떤 감정을 느끼는지 연구하는 거죠.

'술에 취해 인사불성이 되어 저항조차 할 수 없는 여자를 보고 어떻게 발기할 수 있지?' '전쟁터의 위안소에 줄지어 서서 욕구를 해결했던 병사들과 똑같은 처지가 되면 똑같은 행동을 하게 될까?' 저는 그런 게 수수께끼였어요. 그래서 남자들에게 묻고 다녔더니 모두가 '그렇게 못 할 것 같다' 또는 '잘 모르겠다'라고 대답하더군요. 진심인지 아닌지 잘 모르겠어요. 어쩌면 제가 그런 사람들에게만 물었는지도 모르고요. 그런데 사실, 전쟁터의 그 병사들도 평범한 남자였잖아요. 어떤 사람이든 그런 환경에 놓이면 같은 행동을 하게 될까요? 역시 이런 수수께끼는 당사자들이 풀어야겠죠. 남성들이 남성을 제대로 연구해 주면 좋겠습니다.

　　최근에 '남성성 연구(Masculinity Studies)'라는 분야가 등장하긴 했어요. '남자는 어떨 때 충동을 느낄까?' '남자는 어떨 때 피임하고, 어떨 때 피임 없이 무책임하게 섹스할까?' '남자는 왜 아내를 때리고 그때 어떤 기분을 느끼는 걸까?'를 솔직히 말하는 남자들이 드디어 나타난 거죠. 세상에는 아직 풀리지 않은 수수께끼가 가득하니 연구의 즐거움을 누려봤으면 좋겠네요.

사무마　오늘 '마지막 강의'라는 제목으로 과거, 현재, 미래를 이야기하셨는데 마지막으로 전하고 싶은 메시지는 무엇일까요?

우에노　이게 진짜 마지막 강의이길 바라시는 거예요(웃음)? 이 책이 가장 최근에 나온 저서예요. 『여자애는 어떻게 살아야 할까? 가르쳐 줘요, 우에노 선생!』이라는 책인데 이런 책이 지금 나와서 정말 좋네요. 70년 넘게 살다 보니 세상이 변하지 않는 듯해도 끊임없이 변한다는 걸 알게 됐어요. 세상이 변할 수 있는 이유는 우리가 변하기 때문이죠.

이 책에서도 '세상은 이렇게 변해 왔다, 이 사람들이 이렇게 변했기 때문이다' '회사에서 여자가 커피를 타지 않게 된 건 누구 덕분일까? 싸움에 나선 여성들 덕분이다'라고 설명하고 있어요. 그리고 '당신도 변할 수 있다'라고 격려하죠.

'우리는 변해왔다. 앞서간 여성들도 변했다. 그러니 당신들도 변할 수 있다'라는 것입니다.

젊을 때는 '누가 이런 세상을 만들었어!'라고 화를 냈어요. 그래서 위를 올려다보니 중요한 결정을 내릴 만한 자리에는 시커먼 아저씨들이 잔뜩 있더군요. '아저씨들은 정말 짜증난다'라는 생각에 맹렬히 돌을 던졌어요. 진짜로 돌을 던졌답니다.

하지만 저도 나이를 먹었어요. 사회에 아직 어떤 책임도 없는 한 젊은이가 '누가 이런 세상을 만들었어!'라고 따지면 '미안해요'라고 말하는 수밖에 없네요.

'열심히 한다고 했는데 역부족이었어요. 여기까지밖에 못 와서 미안해요'라고 말이죠. 그래도 저는 다음 세대에게 '여기까지는 왔어요'라고 말해주고 싶어요. 언젠가 여러분도 다음 세대에게 추궁당할지도 몰라요. '누가 이런 세상을 만들었어!'라고요. 그때 '미안해요'라고 말하지 않아도 되는 세상을 물려주면 좋겠어요. 이것이 제 진짜 마지막 메시지가 되겠죠? 하지만 죽을 때까지 몇 번이고 이 이야기를 반복할 것 같네요.

오랜 시간 들어주셔서 고맙습니다. 기회가 있다면 몇 년 후 다시 만나고 싶군요.

'이런 세상을 만들어서 미안하다'라고
말하지 않아도 되는 사회를 물려주고 싶어요.
—— 2021. 3. 7 우에노 지즈코

당신 옆의 사람을 믿기

역자 후기

몇 년 전에 우에노 선생을 처음 알게 되었다. 정아은 작가의 『당신이 집에서 논다는 거짓말』과 최윤아 작가의 『남편은 내가 집에서 논다고 말했다』라는 책에서였다. 육아 문제로 회사를 그만두고 프리랜서 주부로 산 지 10년이 넘은 지금에도 종종 자존감의 위기를 겪는 나로서는 제목을 보자마자 '이건 읽어야 해!'라고 외칠 수밖에 없었다. 우에노 선생은 이두 권의 책이 쓰이는 데 큰 영향을 끼친 참고 도서의 저자로 언급되어 있었다.

특히 정아은 작가의 책에서 페미니즘의 원점을 보았다. 우리 사회는 철저히 자본주의, 즉 돈의 원리로 굴러가고 있지만 유일하게 노동이 공짜로 제공되는 곳이 바로 가정이라고 했다. 이 선언 같은 명제에서 수많은 의문이 풀리기 시작했다. 나중에 알고 보니 이 명제가 우에노 사상의 핵심이었다.

당시의 휘몰아치는 생각을 블로그 〈춤추듯 부드럽게〉에 리뷰로 정리해 두었다. 지금 다시 읽어보니 시간 가는 줄 모르게 재미있다. 이후 내가 쓰는 모든 글, 내뱉는 말 구석구석에서 우에노 선생의 냄새가 묻어난다. 그만큼 선생이 나를 비롯한 이 시대의 보편적인 여성, 아니 가정 내 약자가 안고 있는 문제의 근원을 적확히 파헤쳤다는 뜻이 아닐까?

시장은 주부가 제공한 공짜 노동으로 길러지고 다듬어진 노동력을 가져다 쓴 후, 노동자의 사용 가치가 떨어지면 다시 가정으로 돌려보낸다. 시장이 자연에서 자원을 공짜로 가져다 쓸 때와 똑같은 흐름이다. 그러므로 가장에게 주는 급여에는 주부의 몫이 상당 부분 포함되어 있는 셈이다. 산업 혁명 이후 시장이 가부장제와 이런 식으로 결탁하여 사회 시스템을 구축했고, 이에 따라 바깥일만 신경 쓰는 외벌이 가장과 집안일을 도맡은 주부로 이루어진 가정이 한동안 사회의 안정적인 기반으로 기능했다.

그러나 사회는 늘 변화한다. 산업 사회가 성숙하면서 가부장제를 지탱했던 대가족이 무너지고 외벌이 가장을 낳았던 고성장도 끝났다. 이제 오히려 거의 모든 가정이 맞벌이를 강요당한다. 내 어머니 세대에서 '부업'이라는 이름으로 시작되었던 맞벌이가 내 자녀 세대에서는 거의 필수가 되었다. 다만, 경제 상황의 변화는 이렇게 빠르지만 다른 요소의 변화는 상대적으로 느리다. 그 격차에서 나타나는 대표적인 문제가 이 책 『모두가 존중받는 사회를 위하여』의 큰 주제이기도 한 '요양과 양육 부담의 불합리하고 비효율적인 배분'이다. 사회는 여성 인력 활성화를 정말로 원하는지 의심스러울 정도로 이에 관한 구조 및 제도 정비에 소극적이다. 이 틈바구니에서 출연한 과도기적 인간 군상이 상대에게 모든 부담을 떠넘기려는 빌런 즉 가해자들과 '독박 살림, 독박 육아', '퐁퐁남'으로 표현되는 피해자다. 그리고 이 변화에 유연하게 대처하지 못한 대가로 우리에게 닥쳐온 현실이 바로 '초저출산 고령화 사회'이다.

① 여성학, 페미니즘의 개요

이 책을 번역하며 '여성학'과 '페미니즘'의 개념을 각각 파악해 둘 필요성을 느꼈다. 키보드를 두드려보니 '페니미즘' 즉 여성주의란 '정치, 경제, 사회·문화적 성평등을 지향하는 사상 또는 활동'이라고 한다. 한편 '여성학'은 '사회·문화적, 정치·경제적 소수자인 여성의 관점에서 세계를 비판적으로 이해, 분석하고 대안을 모색하는 학문' 또는 '여성, 여성주의, 성역할, 정치 등의 주제를 다루는 간학문적, 다학문적 학문'이라고 되어 있다.

역사를 살펴보니 여성주의 운동이 19세기 사회 개혁 운동에 힘입어 20세기 초에 시작되었고 여성학은 그로부터 몇십 년 뒤 1970년대, '국제 여성의 해'를 기점으로 성립했다고 한다. 다시 말해 여성 해방 운동이 먼저 시작되고 그 기반 사상이 나중에 학문으로 정리된 것이다.

여성학은 실제 변혁을 끌어내는 데 집중하는 여성주의와는 달리 문제의 본질을 정확히 규명하고 그 원인을 인류 역사의 흐름, 현재 사회 구조 전반에서 찾아내며 앞으로 어떤 변화가 필요할지 연구하는 일에 집중한다. 학자는 진리를 알아내고 전파하며 운동가가 그것을 실천하고 보강하는 것이다. 사회 구조가 변화하는 지금에는 여성학자들이 새 시대에 걸맞은 새로운 사고방식을 제시하고 여성주의자들이 그것을 현실에 반영한다.

② 여성학의 역사 : 마르크스주의의 영향

조사를 하면서 흥미로운 사실을 발견했다. 마르크스주의가 여성학 발전에 지대한 영향을 미쳤다는 것이다. 마르크스주의자들은 자본주의를 타파하면 여성도 해방된다고 주장했다. 실제로 1917년 러시아 혁명 때 여성에게 남성과 동등한 정치권이 주어졌으며 가사 노동 외의 사회 활동을 가능케 하는 장치까지 만들어졌다고 한다.

생각해 보면 자본주의와 가부장제가 한 팀을 이루어 외벌이 가장을 전제로 한 사회 구조를 구축한 결과 인류의 유구한 착취의 역사에 '그림자 노동 착취'라는 방점을 찍었다. 그러니 자본주의 해체가 주부의 해방으로 이어지는 흐름은 오히려 필연에 가깝다고 할 수 있다.

그러나 우에노 선생은 이 책에서 자신을 '마르크스주의 페미니스트'라고 칭하고 그 뜻을 '마르크스에 도전하는 페미니스트'라고 굳이 풀이했다. 마르크스주의의 도움을 받되 여성에 관한 마르크스의 시각에는 반대한다는 뜻이다. 실제로 마르크스는 '가사는 노동이 아니다'라고 선언하는 등, 주부의 시간과 노동을 무료로 활용하여 시장을 돌리는 것을 당연시한 19세기 사회 통념에 충실한 사람이었다. 그러므로 지금 젊은 사회 구성원 대부분이 맞벌이와 가사 분담을 기본으로 생각하고 '가사 노동의 경제적 가치'를 인정하게 된 것은 우에노 선생과 생각을 같이하는 학자들과 활동가들의 성과일 뿐, 마르크스주의와는 상관없는 셈이다.

여성 해방을 외쳤던 마르크스주의자들이 여성 속박의 원인을 전혀 몰랐다는 사실, 그 모순을 딛고 여성학이 크게 발전했다는 사실은 매우 흥미롭다.

③ 우에노 사상의 배경과 발전 이력

우에노 선생은 1948년에 태어나 구조적, 인식적 불합리를 체험하며 자랐다. 일본에서 보기 드문 개신교 가정이었고 부모는 당시 보기 드물게 연애 결혼한 부부였지만 아버지는 '아내를 네 몸처럼 사랑하라'라는 성경 말씀과 달리 어머니를 존중하지 않았다. 어머니는 늘 힘들어했고 불평했다. 선생은 딸로서 어머니의 불행을 관찰한 결과 사회적 구조에 의문을 품게 되었고 그 의문을 풀기 위해 사회학자가 되었다. 그리고 '빌런'으로 분류될 듯한 아버지와 그의 허울뿐인 신앙인의 길, 또한 애정 없는 결혼에 의지해 살며 자식에게 불행을 물려주려던 어머니의 길을 깨끗이 포기했다. 그 대신 학문이라는 집을 짓고 강의와 저서를 통해 수많은 후진을 양성하는 어른으로서 사회 발전에 공헌하는 길을 택했다.

그 성취는 저서 목록에 여실히 드러난다. 선생은 30대 중반부터 70대 중반이 된 지금까지 40여 권의 저서를 출간했다. 그중에서도 본인이 대표작으로 꼽은 것이 『가부장제와 자본주의』『돌봄의 사회학』인데, 실제로 이 두 권에 우에노 사상의 시기별 핵심이 담겨져 있다.

선생은 처음에는 주부의 문제를 해명하다가 점차 여성차별의 원인을 탐구하게 되었고 그 근본적 원인이 '가부장제와 자본주의의 결탁'이었음을 밝혀냈다. 이후 그 든든한 기반 위에서 탐구의 범위를 넓힌 끝에 '약자가 안심하고 살 수 있는 사회'를 만들기 위한 새로운 사고방식을 모색하며 그 구체적 대책을 제시, 연구, 실천하고 있다.

우에노 선생이 부모의 모순에서 출발하여 평생의 연구를 통해 다다른 키워드는 체제 거부나 파괴를 통한 '권력 역전'이 아니라 비폭력, 협력과 존중을 통한 '상호 돌봄'이었다. 이것이 선생이 제시하는 페미니즘과 여성학의 방향성이다. 너무 이상적인 생각이라고 말할 수도 있지만 파괴와 전복이 기존 사회를 만든 원리였던 만큼 새로운 세상에는 새로운 원리가 필요하지 않을까? 다행히 선생의 생각은 이상을 제시하는 데서 끝나지 않는다.

① 우리 사회의 당면 과제: 돌봄 부담의 배분

우리는 상호 돌봄을 어떻게 실현할 수 있을까? 참고로 여기
서 말하는 상호 돌봄이란 개인끼리 협력하여 돌봄을 해결하
는 것이 아니라 지금까지 민간 중에서도 가족, 가족 중에서
도 여성 개인에게 극단적으로 쏠려 있었던 돌봄 부담을 공
공, 민간을 포함한 사회 전체가 제도적으로 골고루 나누는
것을 말한다. 여기에 우리 사회의 최대 당면 과제인 저출산
의 해답도 있을 것이다.

실제로 공공과 시장이 돌봄 문제를 해결해 주지 못하
고 있는 우리나라, 일본, 중국, 남유럽 등의 출생률이 가장 낮
다. 이쯤 되면 가부장적 인식 때문에 출생률이 낮은 것이 아
니라 오히려 돌봄을 사회화하지 못하는 사회 구조가 가부장
적 인식을 낳았다고 보는 게 옳을 듯하다.

그런데 사실 우리보다는 일본의 사정이 좀 낫다. 코로
나 때 돌봄 문제로 휴직한 사람들에게 일본 정부가 '휴업 보
상금'을 지급했다고 하니, 그 일로 가사에 공식적 급여가 매
겨지는 경험을 모두 공유했을 것이 아닌가.

이런 제도와 구조는 사회 전반의 인식에 영향을 미친
다. 이 책에서 우에노 선생도 일본의 요양 보험 시행이 '돌봄

사회화'의 첫걸음이라고 말했다. 우리나라는 싱가포르나 홍콩처럼 현저히 저렴한 돌봄 인력을 공급받을 수 없으므로 돌봄을 공공화한 북유럽 모델이 유력한 대안이 될 수 있을 것이다. 그러려면 정부의 복지 정책이 관건일 텐데 조세 저항 등 다양한 이유로 단기간에 복지를 충분히 확대하기가 어렵다. 이에 정부가 해외 인력 수입을 고려하고 있지만 이것이 과연 효과적인 해결책이 될지도 의문이다. 이래저래 앞으로 갈 길이 먼 것만은 확실하다.

② 개인적 차원의 과제

누군가가 상황을 바꿔놓을 때까지 손 놓고 기다릴 수는 없다. 그렇다면 우리는 앞으로 어떻게 살아야 할까? 앞서 말했듯 제도와 구조가 인식을 바꾸기도 하지만 전반적인 인식 변화 또한 제도와 구조의 변혁을 앞당길 수 있다. 이 책이 그 변화에 일익을 담당하기를 바란다. 속지 말고 문제의 본질을 제대로 들여다 보려면 알아야 하고, 알려면 배워야 하기 때문이다. 인식의 변화는 거기서 시작된다.

"인간이라면 탄생과 동시에 부여받아야 할 물질적,

사회적 기본권을 국민 모두에게 줄 수 없었던 국가는 복지의 단위를 개개인이 아닌 가족으로 삼음으로써 국가가 해야 할 일을 '가족'에게 떠넘겼다. 우리나라가 유독 가족주의가 심한 것, '개천에서 난 용'이라는 개념으로 대표되는 가족 단위의 지위 경쟁이 치열하게 펼쳐지는 것은 이런 배경에서 유래했다."

"가족이 똘똘 뭉쳐 모든 걸 해결하며 알아서 잘 살아가야 한다는 가족별 생존주의는 이렇게 구성원들의 내면을 병들게 한다."
—— 『당신이 집에서 논다는 거짓말』, 정아은

"우리는 결국 찌들도록 착취당한 것에 비해 모든 면에서 보상이 부족한 구조에 놓여 있다. 그러나 우리는 자신을 억울하게 만드는 주범이 무엇인지도 모른 채 유일한 '비자본주의적 파트너'가 되어 줄 이에게 서로 엉뚱한 분노를 표출하고 있다."

"당신 옆에 있는 사람을 믿어라. 그가 종종 당신을 착

취하는 듯 보이는 것은 사회가 그것을 허용하기 때
문이고, 인간이 너무 연약하여 매 순간 이기심에 굴
복하기 때문이다. 통념이 바뀌고, 사회 구조가 바뀌
어야 한다. 그러려면 누군가 먼저 깨어나 새로운 관
점을 제시하는 책들을 열심히 읽고 다른 사람과 진
심으로 소통하는 수밖에 없다."

—— 역자의 블로그 〈춤추듯 부드럽게〉

내가 그랬듯 독자들도 이 책을 통해 여성 문제, 나아가 그림
자 노동과 돌봄 문제, 더 나아가 그 모든 문제의 근원을 진지
하게 생각해 보기를 바란다. 배우다 보면 눈이 뜨이고 시각이
넓어지고 가려진 구조가 보일 것이다. 페미니즘의 본질을 새
로 이해하게 될 뿐만 아니라 자신의 사고 프레임도 재점검할
수 있다. 이 책의 주장이 유일한 정답은 아니겠지만 다양한
시각의 이론과 실제를 접하는 과정의 첫걸음은 될 것이라고
확신한다.

다행히도 강의를 옮겨놓은 책이라 재미있게 한달음에 읽힌
다. 현장 참가자들과의 대담도 실려 있어서 실제 자신의 상황

과 비교, 대조하며 읽기도 좋다. 이 책뿐만 아니라 정아은 작가의 책을 같이 읽어보아도 좋을 것이다. 소설도 있으니 가볍게 접근해 보자. 또한 우에노 선생의 책 중에도 비혼, 독신, 성에 관한 고민을 다룬 책 등 가볍게 읽을 만한 것들이 많으니 무엇이든 손 가는 대로 펼쳐보기를 권한다.

사실 요즘은 가까운 곳에서 희망을 본다. 호주에 살며 맞벌이하는 한 친구는 해도 해도 끝이 없는 집안일을 저주하며 가사 분담 이야기가 나올 때마다 집안일에 남녀가 어디 있냐고, 시간 있는 사람이 그때그때 눈에 띄는 일을 해결하면 된다고 말한다. 예상했겠지만 남자다. 미국에 살며 외벌이하는 다른 친구는 아내 몸이 안 좋을 때 밥 차려 달라고 하는 놈은 남자도 아니라며 분통을 터뜨린다. 평소에 화내는 모습을 한 번도 못 보았기에 조금 놀랐다. 그런가 하면 아내가 돈벌이를 책임지고 남편이 살림과 육아를 맡아서 나름대로 재미있게 사는 한국 부부들도 여럿 보았다. 결이 다 다르긴 해도 모두에게 공통점이 있다. 진부하기 짝이 없지만 아무리 반복해도 강조해도 지나치지 않은 '존중과 배려'다. 어릴 때부터 자연스러운 가정교육으로, 또는 환경의 영향으로 자연스럽게 존중과 배려를 익힌다면 좋겠지만 그렇지 않다고 해도 독서와 같은 간접 경험은 큰 도움이 될 것이다. 남녀 구분 없이 함께 도와 잘살기를 바란다면 독서 정도의 노력을 아낄 이유가 없지 않은가.

얼마 전 비보를 접했다. 정아은 작가의 별세 소식이다. 2013년에 데뷔해 10년 동안 10권 이상의 책을 내며 세상에 메시지를 전했고 내 세상 또한 넓혀주었던 그가 이제 더는 책을 내지 못하게 되었다. 이에 고인에게 진심으로 감사를 전하며 『당신이 집에서 논다는 거짓말』의 한 구절로 이 글을 마무리하려 한다.

> "여성은 혼자 강제로 짊어졌기 때문에 그 본연의 매력을 향유할 수 없었고, 남성은 인위적으로 제외됐기 때문에 그 본연의 생명력을 향유할 수 없었던, 살림과 육아라는 생의 축제에 대한 지분을 남녀가 합심하여 고르게 재분배해야 한다. 자본주의의 출현과 함께 시작된 해묵은 거짓말, '집에서 논다'라는 말은 그 과정에서 자연스럽게 맥락을 잃게 될 것이다."

마지막으로, 이런 의미 있고 재미있는 책의 번역을 맡겨주신 느린서재 최아영 대표에게 열렬한 감사의 마음을 전한다. 아직 젊디젊은 느린서재가 지금처럼 좋은 책을 꾸준히 소개하면서 오래도록 눈부시게 성장하기를 진심으로 기원한다.

2025.1.2 노경아 드림

우에노 지즈코(上野千鶴子)

1982 『섹시 걸 대연구(セクシィ・ギャルの大硏究)』 고분샤(光文社) / 2009 이와나미(岩波) 현대문고

우에노 지즈코

1982 『주부 논쟁을 읽다, 모든 기록(主婦論争を読む・全記録) I&II』 게이쇼(勁草)서방

이와오 수미코(岩男寿美子), 하라 히로코(原ひろ子)

1979 『여성학 착수(女性学ことはじめ)』 고단샤(講談社) 현대신서

이토 마사코(伊藤雅子)

『주부와 여자 – 구니타치(国立) 시민 회관 시민 대학 세미나의 기록(主婦と女国立市公民館市民大学セミナーの記録)』 미라이샤(未来社)

우에노 지즈코

1990 『가부장제와 자본주의 마르크스주의 페미니즘의 지평(家父長制と資本制マルクス主義フェミニズムの地平)』 이와나미 서점 / 2009 이와나미 현대문고

우에노 지즈코

2011 『돌봄의 사회학 – 당사자 주권의 복지 사회로(ケアの社会学 当事者主権の福祉社会へ)』 오타(太田) 출판

리디아 사전트(Lydia Sargent) 편저, 다나카 가즈코(田中かずこ) 옮김

『마르크스주의와 페미니즘의 불행한 결혼(マルクス主義とフェミニズムの不幸な結婚)』 게이쇼 서방

쓰루 시게토(都留重人)

1959 〈현대 주부론(現代主婦論)〉 후진코론(婦人公論) / 1982 우에노 지즈코 『주부 논쟁을 읽다 – 모든 기록(主婦論争を読む・全記録) I』에 수록

오카노 야요(岡野八代)

2012 『페미니즘의 정치학(フェミニズムの政治学)』 미스즈(みすず)서방

마사 A. 파인먼(Fineman, Martha Albertson)

2003 『가족, 과적 방주 – 포스트 평등주의의 페미니즘 법리론(家族, 積みすぎた方舟—ポスト平等主義のフェミニズム法理論)』 가쿠요(学陽) 서방

오치아이 에미코(落合恵美子)

1994 『21세기 가족으로 – 가족의 전후 체제에 대한 시각과 극복법(21世紀家族へ 家族の戦後体制の見かた・越えかた)』 유희카쿠(有斐閣) 선서 / 2019 제4판

오자와 마리(大沢真理)

『기업 중심 사회를 넘어 – 현대 일본을 '젠더'로 읽다(企業中心社会を越えて—現

代日本を「ジェンダー」で読む）』지지츠신샤(時事通信社)/2020 이와나미 현대문고

우에노 지즈코
2006『살아남기 위한 사상(生き延びるための思想)』이와나미 서점 / 2012년 신판 이와나미 현대문고

나카니시 쇼지(中西正司), 우에노 지즈코
2003『당사자 주권(当事者主権)』이와나미 신서

우에노 지즈코
2021『여자애는 어떻게 살아야 할까? 가르쳐 줘요, 우에노 선생!(女の子はどう生きるか 教えて、上野先生!)』이와나미 주니어 신서

모두가 존중받는 사회를 위하여

ⓒ 우에노 지즈코 2025

초판 1쇄 인쇄   2025년 1월 27일
초판 1쇄 발행   2025년 2월 5일

지은이   우에노 지즈코
옮긴이   노경아
펴낸이   최아영

편집   최아영
교정   김선정
디자인   신용진
마케팅   이 책을 읽은 누군가
인쇄제본   넥스트프린팅

펴낸곳   느린서재
출판등록   2021-000049호
전화   031-431-8390
전자우편   calmdown.library@gmail.com
인스타   @calmdown_library
뉴스레터   calmdownlibrary.stibee.com
블로그   blog.naver.com/calmdown_library

"누군가 먼저 깨어나

새로운 관점을 제시하는 책들을 열심히 읽고

다른 사람과 진심으로 소통하는 수밖에 없다."

—— 〈역자 후기〉 중에서